Klaus Kobjoll Virtuoses Marketing

Klaus Kobjoll

Virtuoses Marketing

Ein Seminar

Bearbeitung und Umsetzung: Daniel Wagen

«Motivaction II»

orell füssli Verlag AG

6. Auflage 2003

Umschlaggestaltung: Andreas Zollinger, Zürich
Abbildung: Michael McGurl/SIS
Druckvorstufe: Ohmayer GmbH, Zürich
Druck und Bindearbeiten: Freiburger Graphische Betriebe
Printed in Germany

ISBN 3-280-02368-8

Bibliografische Information der Deutschen Bibliothek
Die Deutsche Bibliothek verzeichnet diese Publikation in der Deutschen Nationalbibliografie; detaillierte bibliographische Daten sind im Internet über http://dnb.ddb.de abrufbar.

Inhalt

L'Ouverture

In «Virtuoses Marketing»/Motivaction II steht die kurzfristige strategische Planung im Mittelpunkt. Kobjoll schreibt mit Blick auf die schwierige wirtschaftliche Ausgangslage der letzten, aber auch noch aktuellen Zeit über den sinnvollen und kreativen Einsatz gebräuchlicher und neuer Marketing-Instrumente, um vor allem dem mittelständischen Unternehmer die Möglichkeiten aufzuzeigen, ohne Vergrösserung der finanziellen Risiken auch dort zu gewinnen, wo andere scheitern. Dabei zeigt das Buch zuerst die notwendigen Vorarbeiten durch den Unternehmer selber auf, die zur optimalen Wirksamkeit der nachmalig einzusetzenden Marketing-Instrumente unternommen werden müssen: Feststellen aktueller Trends, Bestimmung des Umfeldes inklusive Mitbewerberanalyse und möglichst genaues Erkennen des eigenen Standortes, den es allenfalls auch zu verändern gilt. Kobjoll selber hierzu:

> ***«Ich konzentriere mich im vorliegenden Buch auf das Marketing-Konzept und möchte den mittelständischen Unternehmern zeigen, dass man allein auf dem Instrument 'Preis' eine Riesen-Klaviatur zur Verfügung hat und auch in wirtschaftlich schwierigeren Zeiten kein Anlass besteht, das Unternehmen über schmerzhaften Preisnachlass, über 'Rabatterei' zu steuern.»***

Kobjoll veranschaulicht seine Darlegungen mit vielen neuen Beispielen aus seinem Schindlerhof in einer Weise, die immer wieder die Brücke schlägt zu Dienstleistungsunternehmen auch anderer Branchen.

Grundlage zu «Virtuoses Marketing»/Motivaction II bildete in erster Linie Material aus Kobjollschen Marketing-Seminarien. Das zweite Buch Kobjoll kommt deshalb erneut in der saloppen und unterhaltsamen, frechen Sprache der «Wildente» daher – der gesprochenen Sprache. Die darin zugänglich gemachten Marketing-Ansichten und -Erfahrungen stützen nicht nur ab auf Grössen wie Gerken, Opaschovsky, Simon oder Tom Peters, sondern nutzen auch Erkenntnisse eines Pater Zieglers, von St. Exupéry oder des Heiligen Augustinus des 5. Jh. n. Chr. für das Marketing gerade so, als seien bereits diese am Steuer von Unternehmen den Problemen in einer Zeit des «Turbo-Marketings» gegenübergestanden, als hätten sie sich schon mit der «Vollkasko-Mentalität von Mitarbeitern» auseinandersetzen müssen.

«Wissen ohne Ordnung ist wie Hausrat auf einem Leiterwagen.» Folgerichtig versucht Kobjoll in «Virtuoses Marketing»/Motivaction II, Hausrat wie Leiterwagen dorthin zu bringen, wo sie ihren Platz haben.

Im Gegensatz zum ersten Buch, welches aus einem Rede-Manuskript entstanden ist, erscheint «Virtuoses Marketing» in einem dreiteiligen, nach Titeln gegliederten und damit systematischeren Kleid. Gleichwohl will auch «Virtuoses Marketing» nicht Anspruch auf Wissenschaftlichkeit erheben, sondern auf leicht lesbare Weise dem Leser Einblick in neueste und gelebte Marketing-Erkenntnisse gewähren. Nach dem Erfolg von Motivaction I wurde auch für dieses Buch das «Transportmittel» der Umgangssprache beibehalten. Thematisch ist das vorliegende Buch eingegrenzter, behandelt dafür die ausgewählten Bereiche vertiefter. Einige Doppelspurigkeiten im Vergleich zu Motivaction I liessen sich nicht umgehen, da sonst «Virtuoses Marketing»/Motivaction II nicht als ein in sich geschlossenes Buch hätte erscheinen können.

Neu ist alles, was für Klaus Kobjoll seit Ende 1992 neu ist. Auch die Wildente ist mit ihrem Betrieb von der Rezession nicht verschont geblieben. Eines der drei unbeeinflussbaren grossen W (Wirtschaft, Wetter, Währung) hat plötzlich verrückt gespielt und auch die Schindlerhof-Zahlen durcheinandergewirbelt. So, wie in Kanton-

Chinesisch trotz einer Auswahl von rund 50 000 Zeichen nur gerade ein Zeichen für Krise und Chance existiert, so ist Kobjoll damit umgegangen. Die Rahmenbedingungen waren von aussen vorgegeben, aber die Massnahmen hatte Kobjoll selber in der Hand – und wie! Dank sauberem Controlling schalteten Kobjoll und seine MitarbeiterInnen innert Tagen auf Kostenmanagement, aber nicht mit dem Schraubenschlüssel, sondern mit Kreativität und Konzepten – Kunsthandwerk Marketing eben! Jene Tage und Wochen sind auch im vorliegenden Buch beschrieben und verarbeitet – spannend.

In Motivaction I stand im Vordergrund die Art und Weise, wie Klaus Kobjoll seine MitarbeiterInnen motiviert und Eigendynamik schafft. In «Virtuoses Marketing» zeigen sich Ergebnisse der Motivations-Theorien und -Arbeiten Kobjolls und beweisen deren Richtigkeit. So erfuhr die Wildente als letzte, dass die Führungskräfte beim Entscheid zu Kostenmanagement der Stufe 2 von sich aus die Reduktion der eigenen Gehälter beschlossen hatten!

Auch *Public Relation* – ein Steckenpferd Klaus Kobjolls – kommt als unverzichtbarer Bestandteil einer sinnvollen Marketing-Strategie im vorliegenden Buch nicht zu kurz. Kobjolls Schindlerhof in Verbindung mit Gerümpel und in Verbündung mit Pinguinen – Öffentlichkeitsarbeit vom Feinsten!

(Teilweise haben wir die neudeutsche Schreibweise MitarbeiterIn/MitarbeiterInnen verwendet – jedoch nicht konsequent, um nicht die Lesefreundlichkeit zu strapazieren. Selbstverständlich sind aber immer beide Geschlechter gemeint.)

Zürich, August 1995
Daniel Wagen

Konkretes aus dem Schindlerhof

Ohne Immobilien geht nichts.
Ein Pächter ist immer ein Unternehmer zweiter Klasse.

Hätten wir bei uns eine auch nur durchschnittliche Produktivität, dann müsste unser Küchenchef statt mit dem 300er SL Cabriolet mit dem Trabi zur Arbeit antanzen …

Für mich ist Rabat(t) immer noch eine Stadt in Marokko.

Wieso ein zweites Buch?

Meine Welt ist das Marketing mit all seinen spannenden Facetten und den fast grenzenlosen Möglichkeiten, mit kreativen Ideen Neues zu entdecken und zu entwickeln. Mein Spielfeld ist die Hotellerie. Dort lebe ich die Marketing-Ideen aus.

In meinen Marketing-Seminarien und in meiner Arbeit im eigenen Unternehmen stehen der unmittelbare Kontakt mit den Menschen und damit das gesprochene Wort im Vordergrund.

Die gesprochene Sprache in ein Buch packen? Das kann doch nicht gutgehen ...? Die Verkaufszahlen und die Kritiken zu Motivaction I belegen das Gegenteil. Dieser Umstand wie die vielen Anfragen anlässlich meiner Seminarien waren für mich Motivation genug, das Ihnen nun vorliegende zweite Paket aus gesprochener Sprache zu schnüren.

Thematisch wurde dieses Buch vor allem durch eine markante Erscheinung in der wirtschaftlichen Entwicklung während der vergangenen ca. drei Jahre provoziert: durch die Art des Umganges vieler Unternehmer mit dem Preis – ein Trauerspiel! Alles versucht, über den Preis zu steuern, und nur, weil den Leuten nichts Besseres einfällt.

Der IKEA-Gründer hat in seinem Leitbild folgenden Satz formuliert: «Teure Lösungen von Problemen aller Art kommen meistens von mittelmässig begabten Menschen!»

Und das Spielen mit dem Marketing-Instrument Preis – bevor alles andere ausgeschöpft ist – ist eine teure Lösung. Für mein Unternehmen und für mich ist Rabat(t) immer noch eine Stadt in Marokko!

Aus dem Nichts zum Kreativzentrum

Ich beginne mit einigen Bemerkungen zu meinem eigenen Werdegang, weil ich damit bereits einige wichtige Hinweise verbinden kann und nachher zur Veranschaulichung immer wieder auf das Praxisbeispiel Landhotel und Kreativzentrum Schindlerhof zurückgreifen werde.

Ich habe mich mit 22 Jahren direkt nach dem Besuch der Hotelfachschule in Strasbourg selbständig gemacht mit einem kleinen Laden in Erlangen: 27 Sitzplätze und DM 350,– Monatsmiete. 1970 machte ich damit schon bis zu DM 30 000,– Monatsumsatz, und das mit zwei studentischen Aushilfen. Ich stand selber in der Küche und musste immer nur eine Aushilfe bezahlen – die andere war meine jeweilige Freundin ...

Alle eineinhalb Jahre kam dann eine gastronomische Neueröffnung dazu; mehr als die eineinhalb Jahre habe ich es nie am gleichen Ort ausgehalten. Und je nach Alter, Sturm- und Drangzeit, und je nach Zeitgeist waren zum Beispiel eine Diskothek oder ein Jazzkeller mit Live-Musik an 7 Tagen dabei. Da haben die Bands aus England oder aus der Tschechoslowakei mehr als den ganzen Umsatz mit nach Hause genommen. Ich versuchte mich mit zwei französischen Restaurants wie auch mit einem polynesischen. Einige dieser Betriebe gibt es heute noch.

Der elfte Betrieb war mein erstes Hotel, welches ich damals noch gepachtet hatte. Wenn Sie mit Null beginnen, dann können Sie nicht gleich noch die Immobilien mit hinzuerwerben. Aber mir war von Anfang an klar: ohne Immobilien geht nichts; ein Pächter ist immer ein Unternehmer zweiter Klasse. Und so konnte ich denn beim zwölften Mal endlich richtig zuschlagen und habe 1984 den Schindlerhof gekauft und umgebaut.

Es war ein denkmalgeschützter, fast baufälliger Bauernhof. Wir haben DM 7,3 Mio. in die Immobilie investiert und mussten DM 6,6 Mio. Kredit aufnehmen, was fast einer gewerblichen Vollfinanzierung gleichkommt.

1990 habe ich dann das Kreativzentrum hinzugebaut; das hat noch einmal DM 6 Mio. gekostet, wobei wir hier rund DM 4,8 Mio. Fremdgelder aufgenommen haben.

In beiden Fällen stand in den Zusagen der Banken, es würde in Anbetracht unseres besonderen Unternehmenskonzeptes auf eine persönliche Haftung verzichtet. Es ist ein tolles Gefühl, wenn Sie selbständig sind, die Banken natürlich die Immobilien zur Sicherheit haben, aber nicht Ihr persönliches Vermögen.

Ich habe die Erfahrung gemacht: Geld ist niemals das Problem! Das Geld liegt auf der Strasse. Das Leben ist ein grosses, kalt-warmes Buffet mit allem drauf: Hummer, Lachs, Kaviar, aber auch trockene Brötchen – wer immer nur die nimmt, ist selbst schuld.

Qualifizierte Azubis

Ein paar Daten zum Schindlerhof aus dem Rezessionsjahr 1993 (wir hatten auch schon bessere Zahlen): Wir haben jetzt mit dem Kreativzentrum 71 Zimmer, ein Restaurant mit 100 à-la-carte-Plätzen und einen Saal mit 80 Plätzen; dazu kommen noch drei Tagungsräume. Teamstärke 1993 im Jahresdurchschnitt: 33 ausgelernte Kräfte und 17 Auszubildende.

Im ersten Moment erschrecken Sie jetzt vielleicht und sagen: «Um Gottes willen, da ist ja das Verhältnis zwischen Profis und Azubis vollkommen daneben; das kann doch nicht gutgehen!»

Bei uns sind alle Azubis über 18 Jahre alt, haben oft Abitur zuzüglich abgeschlossene Hotelfachschule oder mittlere Reife plus Hauswirtschaftslehre. Dies bedeutet, dass Sie in unserem Haus einen Azubi kaum von einem Profi unterscheiden können. Sie sehen, dass dies eine durchaus probate Möglichkeit darstellt, in schwierigen Zeiten auch bei den Teamkosten etwas gegenzusteuern; man muss nur die richtigen Leute haben, und wir haben nun mal fast 6 Milliarden zur Auswahl.

Natürlich funktioniert es nicht, wenn Sie mit 15jährigen Jugendlichen arbeiten und dann mehr Lehrlinge als Profis beschäftigen.

Zahlen aus unserem Schindlerhof

Mein Jahresumsatz betrug 1993 DM 8,4 Mio. Das ist in unserer Branche immer noch ordentlich im mittleren Preisgefüge und mit 71 Zimmern. Davon beläuft sich der «Food and Beverage»-Anteil (= Speisen und Getränke) auf knapp DM 5 Mio.

Die interessanteste Zahl ist die Produktivität pro Person; wir hatten letztes Jahr DM 208 000,– Produktivität pro Mitarbeiter (Auszubildende zur Hälfte gerechnet).

Das ist gut das Doppelte des deutschen Branchendurchschnittes. D.h., wenn viele meiner Kollegen mit dem Umsatz-Jahr fertig sind, dann sind wir Ende Juni grade mal warmgelaufen. Jene Spitzenreiter, die wir jedes Jahr der Fachpresse entnehmen können, liegen so bei DM 170 000,–, aber bei denen kostet das Zimmer DM 300,– ohne Frühstück und bei uns nur DM 200,–, aber mit Frühstück und Garage. Preisbereinigt dürften wir demnach bei der Produktivität so ziemlich an der Spitze liegen.

Unser Wareneinsatz lag im Restaurant bei 29 %, auf den Gesamtumsatz (inkl. Hotel) bezogen bei 18 %. Um ein Prozent höher als geplant lagen vorletztes Jahr die Teamkosten, nämlich bei 33,5 %. Und deshalb gab es 1993 für meine Mit-Unternehmer keine Prämien, weil eben im Bereiche eines Lebensnerves unserer Branche – den Teamkosten – die Zahlen nicht plangerecht erreicht worden sind.

Gleichwohl kann ich mit diesen Zahlen immer noch leben und auch meine Führungskräfte mit der diesmal ausgebliebenen Prämie, zumal die 33,5 % Teamkosten folgendes beinhalten:

- Unternehmerlöhne: Ich habe mit meiner Frau zusammen rund DM 20 000,– Monatsgehalt und zwei Dienstwagen in den 33,5 % mit drin.

- Freie Dienstwagen-Wahl unserer AbteilungsleiterInnen: Wir geben weder einen Preis vor noch ein Modell – übrigens auch keine

Farbe! Der Küchenchef schaffte sich 1993 einen 300er SL an, vorher fuhr er Porsche; zur Zeit werden als Dienstwagen nur Cabriolets gefahren.

- Alle Azubis bekommen am ersten Tag ihrer Ausbildung einen nagelneuen Dienstwagen in ihrer Wunschfarbe, Fiat Pandas oder Cinquecentos (im Rahmen einer vorübergehenden Umstellung auf Kostenmanagement wurde dieser geldwerte Vorteil für die Azubis 1994 vorläufig ausgesetzt).

Dies alles hat in den 33,5 % natürlich nur deshalb Platz, weil unsere Produktivität höher liegt als bei vielen meiner Kollegen. Hätten wir nur eine durchschnittliche Produktivität, dann könnte unser Küchenchef im Trabi zur Arbeit antanzen ...

Kommunikation statt klassische Verkaufsförderung

Die letzten Zahlen, die noch interessant sind, sind jene des Budgets für Kommunikation. Wir haben nur ein einziges Mal einen Anzeigen-Friedhof mitfinanziert, das heisst, ein bezahltes Inserat aufgegeben, nämlich als es bei uns gebrannt hatte, und wir im Januar 1993 kurz vor der Wiedereröffnung standen. Da plazierten wir dann ein ganzseitiges Inserat in die Zeitung, um unseren Kunden anzuzeigen, dass wir wieder da sind. Ansonsten lehne ich bezahlte Werbung kategorisch ab. Ich betone aber, dass es im Marketing kein Richtig und kein Falsch gibt: Der Markt entscheidet. Deshalb kann ich Ihnen nur subjektiv sagen, wie ich es mache und was bei uns zum Erfolg führt.

Wachsende Bedeutung des Kundenstamm-Marketings

Bei uns gibt es keine klassischen Verkaufsförderungsaktionen, zeitlich begrenzt und womöglich noch über den Preis; was wir aber machen, und dies mit steigender Tendenz, ist Kundenstamm-Marketing. Ich behaupte, dass es bald keine neue Zielgruppen, keine neuen Kunden mehr gibt. Und so ist es viel interessanter, bestehende Kunden stärker ans Unternehmen zu binden.

Dafür haben wir 1993 noch DM 20 000,– ausgegeben; 1994 waren es schon fast DM 50 000,–. Dieses Kundenstamm-Marketing wird immer wichtiger. Sie können in diesem Bereich viel direkter und persönlicher wirken, weil eine Grundbeziehung zwischen Ihnen bzw. Ihren Mitarbeitern und dem Kunden schon besteht. Hier profitieren Sie unmittelbar von der Menschlichkeit, von der Herzlichkeit und von anderen Qualitäten Ihrer MitarbeiterInnen. Wir sind deshalb auch bereit, das Kundenstamm-Marketing noch weiter auszubauen. Unsere Führungskräfte besuchten zu diesem Zweck bereits spezielle Seminare in der Schweiz bei Roland Berger und Dr. Rolf Widmer.

Im Zentrum: die Öffentlichkeitsarbeit

Unser grösstes Budget in der Kommunikation ist aber nach wie vor – und wird es auch bleiben – die Öffentlichkeitsarbeit, sowohl nach innen wie nach aussen, also auch die Pressearbeit. Dafür setzen wir DM 70 000,– im Jahr ein, wobei der grösste Teil an eine Agentur geht, die das für uns macht, und zwar ist es keine Werbeagentur, sondern eine Agentur für Gesamt-Kommunikation. Was wir hier hereinholen mit diesen DM 70 000,–, sind umgerechnet in Werbe-Mark jedes Jahr siebenstellige Beträge.

Wenn Sie die Flugtickets nach Köln gratis bekommen für sich und noch zwei Mitarbeiter, DM 500,– Gage pro Person, im Luxushotel absteigen, Limousinentransfer ins Fernsehstudio und dann 4,5 Mio. Leute erreichen, dann fängt Kommunikation an Spass zu machen ...

Die Öffentlichkeitsarbeit weist gegenüber der Werbung einen weiteren Vorteil auf: Die Glaubwürdigkeit bei PR-Beiträgen ist viel grösser, als wenn irgendwo steht «Wir sind die Besten!» und jeder ganz genau weiss, dass es sich um bezahlte Werbung handelt. Bei einer Kommunikation rein über Werbung, da weiss nicht nur der Mitbewerber, dass es dem anderen schlechtgeht, sondern inzwischen wissen es auch die Kunden. Insider-Gastronomie wird immer hinter der vorgehaltenen Hand weitererzählt, selbst wenn sie schon zehn Jahre existiert.

Organigramm nach den Realitäten

Unser Unternehmen ist so organisiert, dass das Organigramm auf dem Kopf steht – mit mir ganz unten. Wir haben fünf AbteilungsleiterInnen, jede/r hat seinen/ihre StellvertreterIn, und dann geht es im Organigramm weiter nach oben zu den Front-Linern, den wichtigsten Teammitgliedern – jenen mit Kundenkontakt.

Bei mir steht auch nicht mehr «Unternehmensleitung», sondern nur noch «Unternehmensentwicklung», denn etwas anderes mache ich in unserem Betrieb nicht mehr, kann ich nicht mehr machen, denn ich bin nur noch etwa zwei bis drei Tage pro Monat im eigenen Haus und bestreite jährlich zwischen 200 und 220 Seminartage.

Anfänglich referierte ich nur für die Hotellerie und Gastronomie; zwischenzeitlich sind viele weitere Branchen hinzugekommen. Automobile, Mode, Uhren und Schmuck, Kosmetik, Friseure, Lebensmittelhandel usw.

Und das einzige, was mich ärgert: Je weniger ich da bin, um so besser läuft's zu Hause. Das ist durchaus symptomatisch, denn viele Chefs nehmen sich selbst viel zu wichtig!

Ernst Thomke, schweizerischer Top-Manager und einst bei der SMH von Nicolas Hayek grossgeworden, ging noch viel weiter, als er – so die Zürcher «SonntagsZeitung» vom 2. Juli 1995 – seinen Kollegen in den Chefetagen der Grossfirmen vorwarf, sie seien in der Regel keine Unternehmer und würden «in ihrem militärisch-hierarchischen Denken die **Innovation von unten** blockieren».

ERSTER TEIL

Strategische Planung

Umdenken in der Strukturkrise

Umsatz ist eine planbare Leistung, solange die Rahmenbedingungen stimmen. Spielt eines der grossen W (Wirtschaft, Wetter, Währung) verrückt, dann stimmen sie eben nicht mehr, und der Unternehmer muss reagieren.

Viele Unternehmer führen mit einer John-Wayne-Mentalität. Bei Schwierigkeiten schiessen sie permanent aus der Hüfte, statt konzeptionell zu reagieren.

Wir befinden uns nicht einfach in einer Rezession, sondern in einer tiefgreifenden Strukturkrise (Prof. H. Simon).

Zum Preis eines deutschen Mitarbeiters können wir zur Zeit 10 ungarische, 17 tschechische, 18 polnische, 38 bulgarische oder 70 russische Mitarbeiter beschäftigen (Dr. Michael Fuchs).

Ein medizinisches Problem in der Arbeitswelt: Die meisten Krankheiten brechen am Freitag oder am Montag aus …

Das deutsche System der Staatsstellengarantie auf Lebenszeit garantiert uns viele Beamte mit Vollkasko-Mentalität und Besitzstandsdenken – ein Standortnachteil aus der Sicht des Unternehmers.

Die Zehn Gebote weisen 279 Worte auf, die amerikanische Unabhängigkeitserklärung 1500 und die EU-Richtlinie zum Verkauf von Karamel-Bonbons 25 000!

Kundenstamm-Bindungs-Massnahmen

Es genügt heute nicht mehr, irgendwelche Nullachtfuffzehn-Mailings zu verschicken, sondern es sind Mailings und Events gefragt, die aus dem Rahmen fallen.

Hier ein Beispiel: Unsere Kunden sind eingeteilt nach einer ABC-Analyse. Unsere A-Kunden sind besonders wichtig; die B-Kunden sind auch noch erfasst, da sie möglicherweise auf dem Weg zum Stammkunden sind. C-Kunden kontaktieren wir überhaupt nicht; wir freuen uns, wenn sie ab und zu mal kommen, aber wir investieren keine Energie und keine Mark in unsere C-Kunden.

Die A-Kunden werden viermal im Jahr kontaktiert. So haben wir beispielsweise im Juli 1994 alle unsere 1200 A-Kunden eingeladen zu einem Erntedankfest auf den 11. September. Im Mailing stand, dass «wir uns bei Ihnen für Ihre lange Freundschaft bedanken und den Schindlerhof an diesem Tag mit Ihrer Hilfe aufblühen lassen wollen».

Jedem Brief waren dann Sonnenblumensamen in einem eigens dafür gedruckten Tütchen mit Gebrauchsanweisung beigelegt. Und mit der ausgewachsenen und leuchtenden Sonnenblume hielt dann jeder die Eintrittskarte für den Event in der Hand.

1200 Kunden haben wir eingeladen, und gekommen sind 1000. Eine solch hohe Akzeptanz kriegen Sie natürlich nur, wenn Sie noch einen Follow-up machen; so sind die Leute acht Wochen nach Erhalt der Einladung noch einmal daran erinnert worden. Wir haben unseren Kunden dann ein Taschentuch mitgeschickt und dazu geschrieben:

> ***«Damit Sie den 11. September nicht vergessen, haben wir für Sie bereits den Knoten ins Taschentuch gemacht und freuen uns auf Sie als Gast an diesem Tag.»***

Umsatzeinbussen in der Rezession

Auch der Schindlerhof existiert leider nicht unter einer Käseglocke. Während wir in den ersten neun Jahren jährlich preisbereinigte Zuwachsraten in meist zweistelliger Höhe erzielt haben, ging es 1993 zum ersten Mal abwärts. Auch wir wurden nicht verschont. 1992, in unserem besten Jahr, hatten wir DM 8,9 Mio. Umsatz und machten dann 1993 nur noch DM 8,4 Mio.

Was waren die Gründe dafür, dass unser Unternehmen und viele andere auch 1993 Einbussen erlitten?

Es gibt einen Satz, der tönt im ersten Moment arrogant: «Umsatz ist eine planbare Leistung.» Der Satz hat aber seine Richtigkeit, denn so, wie Sie etwas planen, so werden Sie es auch erreichen. Stimmen kann dieser Satz aber nur solange, als die äusseren Rahmenbedingungen – auf die wir keinen Einfluss haben – stimmig sind!

Bei uns haben nun diese Rahmenbedingungen gestimmt von 1984 bis 1992, und der Umsatz war planbar. Wenn die Rahmenbedingungen, also zum Beispiel die drei grossen W (Wirtschaft, Wetter und Währung), verrückt spielen, dann stimmt es eben nicht mehr.

John-Wayne-Mentalität

Als wir unsere Immobilien-Finanzierungen durchgezogen haben, habe ich immer wieder von den Banken gehört, was mittelständischen Unternehmern von Bankseite vorgeworfen wird: Wir könnten nicht konzeptionell denken.

Tatsächlich haben wir eine «John-Wayne-Mentalität». Wir schiessen permanent aus der Hüfte. Kaum läuft ein Haus nicht richtig, sagt einer aus der Führungs-Crew: «Kein Wunder, wir brauchen mehr Werbung»! Der nächste: «Wir brauchen eine neue Image-Broschüre.» Und der Dritte meint, man sollte die Preise senken. Das sind Schüsse aus der Hüfte: Manchmal treffen sie, aber meistens geht es daneben.

Zur Struktur von Konzepten

Dabei ist es so einfach, denn Konzepte sind alle gleich aufgebaut. Jedes Konzept, ob es sich um ein persönliches Lebens-Konzept, ein Marketing-Konzept, ein Finanz-Konzept oder ein Jahres-Konzept handelt, jedes Konzept beginnt mit einer Situationsanalyse.

Lassen Sie es mich an einem Reise-Konzept festmachen.

Da sitzt jemand in Koblenz. Das ist die Situation. Eine Situationsanalyse kann übrigens auch weh tun. Vielleicht wird sie deshalb von vielen nicht gemacht, weil die sich sagen: «Da wollen wir gar nicht erst hinschauen; es könnte ja etwas Unangenehmes dabei herauskommen.»

Unser Mann will zu uns nach Nürnberg. Das ist sein Ziel, der zweite Punkt im Konzept.

Jetzt muss er sich für eine Strategie entscheiden. Das ist der dritte Schritt. Strategie ist ein oft missverstandenes Fremdwort, aber ganz einfach zu erklären. Eine Strategie hat Leitplanken-Funktion. Stellen Sie sich eine Autobahn vor. Unser Mann muss sich jetzt entscheiden, ob er die Autobahn bis Frankfurt und dann die A3 bis Ausfahrt Erlangen nimmt, oder ob er beispielsweise den Luftweg oder den Schienenweg wählt.

Er entscheidet sich für die Strategie Autobahn A3. Die Leitplanken-Funktion zeigt sich nun darin, dass er sich fürchterlich den Kotflügel verbeult, wenn er unterwegs plötzlich die beschlossene Strategie verlässt.

Der vierte konzeptionelle Schritt ist anschliessend die Festlegung der Mittel. Entscheidet er sich für sein Auto oder das Auto seiner Frau? Angenommen, er hat sich für das Auto seiner Frau entschieden, dann muss er die Massnahme ergreifen, sie zu fragen: «Kann ich Dein Auto haben?» Das ist der fünfte Schritt!

Dann muss der Zeitfaktor eingeplant werden.

Und erst jetzt erfolgt die Umsetzung, die Aktion! Endlich wird der Zündschlüssel umgedreht. Und diesen siebten Schritt macht John Wayne immer als ersten …

Angenommen, unser Jemand verfährt sich unterwegs auf dem Weg nach Nürnberg, weil er irgendeine Abzweigung nicht richtig erwischt hat. Dann fährt er halt auf den nächsten Parkplatz und betreibt Controlling, womit wir beim achten Schritt sind. Er nimmt seinen Autoatlas hervor und schaut nach: Jedes Controlling ist eigentlich schon wieder eine neue Situationsanalyse – ein ewiger Kreislauf.

So sind Konzepte immer aufgebaut.

Doch sprechen wir jetzt über Unternehmens-Konzepte. Hier müssen wir gleich mehrere Situationsanalysen machen, bevor wir Ziele festlegen können.

Zuerst verfassen wir eine Umfeldanalyse, beleuchten also alle Rahmenbedingungen; dann folgen eine Marktanalyse, eine Analyse der Mitbewerber, und – last not least – eine Analyse des eigenen Unternehmens, das Aufzeichnen des Stärken-Schwächen-Profils im eigenen Haus.

Die letzte Analyse tut am meisten weh, weil wir ja nur schwer zugeben können, dass im eigenen Haus etwas nicht in Ordnung sein könnte. Und gerade deshalb nehme ich mir einmal im Jahr einen externen Berater, Roland Berger aus Bern, Geschäftsleitungsmitglied bei Mövenpick und ein guter Freund obendrein, der das Skalpell führt und uns weh tut, damit wir wirklich eine saubere Situationsanalyse erhalten.

Nur eine Rezession?

Beginnen wir mit der Analyse des Umfeldes. Was spielt heute alles verrückt um unser Marketing-Spielfeld herum?

Professor Hermann Simon von der Uni Bielefeld hat kürzlich im «Manager-Magazin» geschrieben, dass wir eigentlich gar keine Rezession haben, sondern eine tiefgreifende Strukturkrise. Er hat dies dann begründet mit dem Wegfall des Eisernen Vorhanges. Bevor dieser gefallen ist, haben wir in Deutschland mit allen Ost-Ländern zusammen weniger Handel betrieben, als die Hälfte des Handels mit Holland ausmachte. Durch den Wegfall des Eisernen Vorhanges stehen plötzlich Millionen gut ausgebildeter Arbeitskräfte vor unseren Türen, die zu einem Bruchteil unserer Löhne arbeiten.

Und hier liegt ein wesentlicher Grund für die Rezession der neunziger Jahre. Einer meiner Freunde, Dr. Michael Fuchs, Präsident des Gross- und Aussenhandelsverbandes, hat dies in der Zeitung «Die Welt» sehr drastisch ausgedrückt. Er sagte: «Zum Preis eines deutschen Mitarbeiters können wir zur Zeit 10 ungarische, 17 tschechische, 18 polnische, 38 bulgarische oder 70 russische Mitarbeiter beschäftigen.»

Michael Fuchs schrieb übrigens noch von einem weiteren, einem medizinischen Problem in unserer Gesellschaft: Die meisten Krankheiten brechen immer am Freitag oder am Montag aus ...

Unser Kanzler hatte völlig recht, als er sagte: «Unser Land verkommt zu einem kollektiven Freizeitpark.» Er hat dafür zwar Ohrfeigen gekriegt, aber zu Unrecht.

Wir haben in Hamburg den besten Mann für Freizeitforschung, Professor Horst Opaschovsky vom Freizeitforschungsinstitut der BAT, der sich seit Jahren mit dieser Thematik beschäftigt. Verblüfft war ich allerdings, als ich vor einem guten Jahr in Würzburg einem Vortrag von Herrn Opaschovsky beiwohnte, in dem er wörtlich sagte:

> ***«Glauben Sie nicht, dass extreme Sportarten wie Sky-Surfen, Bungee-Springen, River-Rafting oder Free-Climbing der Ausdruck einer weit entwickelten Freizeitgesellschaft wären – weit gefehlt, sie sind lediglich Ausdruck mangelnder Herausforderung im Berufsleben.»***

Wer ist denn schuld daran, die Chefs oder die Mitarbeiter? Wir sind alle im Innersten kleine Reinhold Messners; wir sind alle scharf darauf, «Kicks» zu kriegen, Achttausender zu besteigen. Wenn wir auf dem Spielfeld des Unternehmens diese Kicks nicht geboten kriegen (zum Beispiel von den Chefs), dann suchen wir diese Kicks eben auf alternativen Spielfeldern.

Daraus resultiert dann eine freizeitorientierte Schonhaltung, das heisst, man schont sich von Montag bis Freitag im Betrieb, damit man am Samstag wieder raus und die verrücktesten Sachen machen kann.

Die Quelle des Glücks

Ich komme auf ein weiteres Puzzle-Steinchen in unserem Umfeld zu sprechen und verweise auf das Buch «Flow» von Csikszentmihalyi von der Universität Chicago.

Er hat sich in seinem Buch «Flow» mit dem Glück beschäftigt und wollte wissen, wie viele Menschen in der westlichen Hemisphäre eigentlich glücklich sind. Herausgefunden hat er, dass dies lediglich 15 % sind. Und die sind nicht etwa glücklich, weil sie besonders reich wären, sondern nur, weil sie sich einem Ziel verschrieben haben!

Glück hat folglich auch etwas zu tun mit grossen Zielen. Wir produzieren körpereigene Opiate, Endorphine, wenn wir vor einer grossen Herausforderung stehen. Das gibt ein High-Gefühl. Wer nur Kleinkram macht, kennt das Gefühl kaum.

Das letzte Puzzle-Steinchen in diesem Zusammenhang hat Pater Dr. Albert Ziegler beigesteuert. Er hat einen seiner letzten Vorträge, den ich hören durfte, mit folgendem Satz begonnen: «Die Motivation vieler Menschen, frühmorgens aufzustehen, besteht darin, dass sie pinkeln müssen.»

Auch diese Erkenntnis hat Einfluss auf unser Marketing-Spielfeld.

Zum Thema Arbeitszeit gibt es übrigens einen interessanten Zahlenvergleich zwischen Deutschland und Japan. Während wir in Deutschland drei Jahre arbeiten, haben unsere Freunde in Japan schon vier Jahre hinter sich und – logisch – den anderen vor. 25% längere Arbeitszeit heisst auch 25% mehr Forschung, mehr Innovation, 25% Produktivitätsvorteil, und das heisst natürlich auch Preisvorteil. Wo sind denn unsere legendären deutschen Unterhaltungselektronik-Hersteller alle abgeblieben ...?!

Das Alte Testament und die EU

Das nächste, was uns Unternehmern immer mehr zu schaffen macht, ist der Bürokratismus. Deutschland gehört sicher nicht zu den unternehmerfreundlichsten Ländern wie etwa die USA. Dies liegt unter anderem daran, dass überall Beamte sitzen, viele Leute also mit Vollkasko-Mentalität und Besitzstandsdenken. Ein Beamter ist häufig ein Unterlasser; das ist das Gegenteil eines Unternehmers.

Er hat ja auch wenig zu riskieren, wenn er sich zum Beispiel für ein Mandat aufstellen lässt.

Er weiss, wenn er gewählt wird, dann kann er nach ein paar Jahren immer noch auf seinen alten Platz zurück, wenn der Erfolg ausbleibt.

Bei diesem System der «Staatsstellengarantie auf Lebenszeit» kann gar kein unternehmerisches Denken entstehen. In den USA sitzt kaum einer im Senat, der nicht seine Million vorher verdient hat, und in der Schweiz gibt es wohl auch keine Bundesräte, die nicht unternehmerisch denken.

Ein Zahlenbeispiel zum Bürokratismus bei uns:

- Die Zehn Gebote des Alten Testamentes sind noch mit 279 Worten ausgekommen. Darin ist aber alles begründet, was wir zu einer christlichen, anständigen Lebensführung brauchen, lückenlos.

- Die amerikanische Unabhängigkeitserklärung, die Grundlage aller westlichen Demokratien, von England einmal abgesehen, hat 1500 Worte gebraucht.

- Die EU-Richtlinien nur zum Verkauf von Karamel-Bonbons umfassen 25 000 Worte!

Hier müssen wir uns schon fragen, ob unsere Welt noch in Ordnung ist!

Trends

Wer heute Lust hat, frühmorgens um vier im Nadelstreifenanzug
seine Currywurst in Neukölln zu essen, der tut's.

Neue Bescheidenheit ist angesagt. Wer sich heute seinen Zwölfzylinder
bestellt, der will ihn ohne das V-12-Schildchen –
muss ja niemand wissen …

In Zeitplanseminarien sitzen immer mehr Leute, die ein
Zeitplanbuch nicht beruflich brauchen, sondern nur ihre Freizeit
auf die Rolle kriegen wollen.

Heute dominiert der Konfetti-Konsument; der gleiche, der
zu Mittag seinen Hamburger und die Cola reinzieht, der geht abends
ins Gourmet-Restaurant.

Es geht doch heute niemand mehr Kleider kaufen, weil er friert!
Der Schrank geht eh nicht mehr zu.

Das nächste, was ich bezüglich der Rahmenbedingungen beleuchten will, sind Trends, also Veränderungen in unserer Gesellschaft, die schon seit einigen Jahren erkennbar sind (sonst wären es keine echten Trends, sondern nur modische, kurzlebige Vorlieben).

Die Trendforschung wird von der Wirtschaft oft als unseriös abgetan, signalisieren Trends doch Veränderungen, womit die Wirtschaft, die auf Stabilität angelegt ist, so ihre Probleme hat.

Die Arbeiten von Matthias Horx, Gertrud Höhler, Gerd Gerken, Tom Peters, John Naisbitt, Faith Popcorn, Studio Edelcoort Paris und Prof. Kleiber-Wurm sind hier für mich massgebend. Ich halte mich aber auch an die Erfahrungen aus meinen eigenen Studienreisen, die ich regelmässig in europäische Metropolen, nach USA oder Fernost unternehme.

Alt werden ist «in»

Zunächst muss berücksichtigt werden, dass unsere Bevölkerung immer älter wird.

Wir haben keine Alterspyramide mehr, auch keine Alterssäule, sondern schon einen Alterspilz!

Das hat verschiedene Gründe. Die Altersforschung in Kalifornien ist so weit, dass dort gesagt wird, wir könnten alle hundert werden; es hat nur mit mentalem Denken, mit Ernährung und mit Bewegung zu tun: 5 % Bewegung, 15 % Ernährung und 80 % Mental-Training (analog zum Erfolg im Spitzensport).

Wenn Sie heute in Kalifornien mit dem Auto auf dem Highway fahren, dann sehen Sie links und rechts die Leute am Joggen mit Pulsmesser, Puls 130, je älter desto bunter angezogen – ein 30jähriger kommt kaum mehr hinterher.

Sicherlich spielt auch eine Rolle, dass weniger geraucht und weniger Alkohol getrunken wird; wir leben gesünder.

Traditionen Ade

Wir stellen weiter eine Ent-Traditionalisierung aller Lebensformen fest. Das macht vielen sehr zu schaffen. Wer heute Lust hat, frühmorgens um vier im Nadelstreifenanzug seine Currywurst in Neukölln zu essen, der tut's. Und derselbe geht im T-Shirt und einer abgewetzten Bomberjacke in einen Gourmet-Tempel und lässt sich überhaupt nicht beeindrucken, ob einer mit Fliege und Designer-Anzug daneben sitzt oder nicht. Wir machen endlich das, wozu wir Lust haben!

Früher war die Hauptmahlzeit das Mittagessen. Heute ist es das Abendessen; aber nicht um 18.00 oder 19.00 Uhr, sondern nach Musical oder Theater.

Autoritäten sind «out»

Wir akzeptieren auch keine Autoritäten mehr. Wenn ein Geschäftsmann in einer Besprechung «versackt», dann will er halt um 15.00 Uhr noch sein Mittagessen. Wenn sich die Führungscrew eines international tätigen Treuhandkonzerns in Zürich trifft und die nichtschweizerischen Kollegen nach Sitzungsschluss um 20 Uhr noch zwei Stunden bis zum Abflug zur Verfügung haben, dann denken die in der Regel erst dann wieder an die Kinder zuhause und wollen noch die Mitbringsel besorgen.

Wenn Sie nach den USA schauen, dann sind die schon wesentlich weiter. Ein Supermarkt ist dort längst rund um die Uhr geöffnet.

Bei unseren Freunden in der Schweiz paart sich diese ganze Fehleinschätzung der gesellschaftlichen Veränderungen noch mit gewerkschaftlichem Bürokratismus. Hier ein Beispiel, das mir erst kürzlich zu Ohren gekommen ist. Knallhart bleiben dort die Samstags-Arbeits-Verbote in den Gesamtarbeitsverträgen festgeschrieben. Dies in einer rezessiven Zeit und in einer Branche, in welcher die Terminplanung schwierig ist wie kaum in einer anderen, die termingerechte Fertigstellung aber um so wichtiger: In der Baubranche.

Auch die Schweizer lassen in grosser Zahl Italiener, Spanier und andere Südländer auf dem Bau arbeiten. Dort ist die Nachfrage, sich durch Betätigung am Samstag ein Zubrot zu verdienen, wesentlich grösser als das Angebot. Da wird ein Gipser-Meister freitags nicht mehr fertig und muss mit seinen Leuten am Montag an einem anderen Ort sein. Gleichwohl darf er am Samstag nicht arbeiten und muss zuschauen, wie seine Arbeiter dann am Samstag Einkaufswägelchen im Supermarkt zusammenschieben, weil – ja weil in den Gesamtarbeitsvertrags-Regelungen das Verbot halt drinsteht. Kein Mensch weiss mehr, zu wessen Schutz!

Dass dadurch den schweizerischen Gewerkschaften die Mitglieder gleich reihenweise davonlaufen, mag eine angemessene Folge sein; dass aber der Unternehmer den Schaden wegen Nichteinhaltens des Termines tragen muss, ist tragisch.

Früher hat man mit 25 oder 26 Jahren geheiratet; die Frau hat dann zwei Kinder bekommen und mit 30 kam das Reiheneinfamilienhaus dazu. Es war alles schön traditionell; man ist mit dem Anzug und der Krawatte ins Büro gegangen, und heute bleibt die Mode-Branche auf den Anzügen sitzen, weil die Leute einen Designer-Blazer mit Jeans und T-Shirt kombinieren. Das Teuerste, das sie anhaben, sind ein Paar rahmengenähte Schuhe für DM 800,–.

Folgen der Ent-Traditionalisierung

Ich erwähne zwei Beispiele aus dem Schindlerhof zum Thema der Ent-Traditionalisierung der Lebensformen.

Wir haben natürlich auf dem Lande auch das Problem mit den Öffnungszeiten. Und trotzdem wird in der Speisekarte und auch anderswo folgendes kommuniziert:

> ***«Nichts ist beständig, ausser dem Wandel. So, wie sich die Zeiten ändern, ändern sich auch die Lebensgewohnheiten. Immer mehr Menschen geniessen es, den späten Abend mit einem Essen ein bisschen zu verlängern. Die-***

sem Trend möchten wir mit neuen Öffnungszeiten entgegenkommen.»

Jetzt gibt es bei uns warme Küche bis 23.00 Uhr und Kleinigkeiten noch bis Mitternacht. Das fällt uns natürlich auch schwer. Aber jeder Mitarbeiter im Schindlerhof kennt diese Trends. Nun konnte ich 1993 natürlich keine Frau und keinen Mann zusätzlich einstellen, also wird einfach länger gearbeitet.

Zweites Beispiel: Wir haben in der Damentoilette seit zehn Jahren eine Wickelkommode mit Öl, Puder und Windeln. Das kam immer sehr gut an. Und jetzt kriege ich seit etwa einem Jahr immer mehr Gästekritiken: «Wieso habt ihr keine Wickelkommode auf der Herrentoilette?» Immer mehr Familien, die bei uns essen, schicken den Papa zum Wickeln. Dies war zumindest in meiner Zeit noch unvorstellbar.

«Selpies»

Jungsenioren nehmen zu. In Amerika nennt man die Zielgruppe der 58- bis 68jährigen «Selpies» (Abkürzung für second life people). Das sind Leute, die jetzt ihr zweites Leben beginnen. Ihr Haus ist bezahlt; die Kinder sind mit ihrem Studium fertig. Oft sind die Männer bereits frühzeitig pensioniert; das geht ja heute bereits mit 57 Jahren los. Es gibt eine Abfindung, und zusammen mit dem Ersparten ist genügend Geld und vor allem jede Menge Zeit vorhanden. Der Mann rennt jede Woche einmal zur Kosmetikerin. Wenn Sie heute in eine Drogerie gehen, dann sehen Sie einen beachtlichen Teil der Stellflächen nur mit Männerkosmetik gefüllt, was vor zehn Jahren noch kein Mensch geglaubt hätte.

Diesen Leuten können Sie in der Regel auch nicht ansehen, dass sie Rentner sind.

Also von wegen Seniorenteller: Der ist nicht mehr in der Gastronomie, sondern im Pflegeheim gefragt.

Die Jungsenioren sind eine Riesen-Zielgruppe für uns alle – unterschätzen Sie das nicht. Heute mal schnell zu einer van Gogh-Ausstellung nach Amsterdam, die Woche darauf eine Oldtimer-Ralley am Nürburgring, gleichentags weiterjetten zu einer Musical-Premiere nach Wien, und im Dezember ein Weekend Christkindlesmarkt in Nürnberg. Sie sind ein ideales Wochenendpublikum, und der Preis spielt keine allzu grosse Rolle.

Natürlich nehmen auch echte Senioren im herkömmlichen Sinne des Wortes zu. Sie müssen selber entscheiden, ob diese zu Ihrem Zielpublikum gehören. Die sind heute auch noch so fit, wie Luis Trenker in seinen letzten Jahren. Auch der echte Senior ist nicht mehr das, was er einmal war.

Und weil auch die männlichen Alleinerziehenden zunehmen, werden wir für unsere Herrentoiletten nun auch Wickelkommoden anschaffen.

Weiterer Trend: Alone

Nicht vergessen dürfen Sie die Singles. Es werden immer mehr, vor allem in den Grossstädten. Schauen Sie den Erfolg von jungen gastronomischen Konzepten an, wie zum Beispiel Puppasch oder Pflaumenbaum: DM 100 Mio. Umsatz im Jahr – vor allem mit der Zielgruppe der Singles! Was Hübsch verkauft, ist nichts anderes als Kommunikation und Erotik. Und damit hat er Erfolg, weil er eben seine Zielgruppe richtig ausgesucht hat und diesen Leuten genau die Leistungen bietet, die sie wollen.

Ehrlichkeit

Alles Übertriebene ist «out», auffallender Konsum passé. Neue Bescheidenheit ist angesagt.

Was heisst das? Leute geben ihre goldene Kreditkarte wieder ab und bezahlen mit der Visa-Karte vom ADAC, weil sie sich schämen, dieses goldene Ding auf den Tresen zu legen. Wer sich seinen Zwölfzylinder bestellt, der bestellt ihn heute ohne das V-12-Schild hinten drauf – muss ja niemand wissen ... Und womöglich bestellt er das Auto noch in der gleichen Farbe wie sein alter Wagen. Es ist eben heute nicht mehr unbedingt der rote Sportwagen mit den breiten Reifen, sondern es ist der BMW Touring M5; es ist nicht mehr der knallige 16-Ventiler-Golf mit Stummel-Antenne, sondern es ist der dunkelblaue 6-Zylinder-Golf; der sieht aus wie ein bescheidener CL.

Es ist nicht mehr ausschliesslich die Handtasche von Louis Vuitton oder von MCM mit hohem Wiedererkennungswert, sondern eher ein alter Lederkoffer. Die können Sie in Hamburg in den Ledergeschäften kaum noch bezahlen; sie kosten von DM 2000,– an aufwärts. Es ist nicht mehr die Uhr mit dem hohen Wiedererkennungswert, sondern es ist eine Patek aus den Vierzigern, eine klassische Reverso von Jaeger LeCoultre oder eine unauffällige Blancpain. Wenn Sie heute in ein grosses Uhrengeschäft gehen, dann sehen Sie immer auch ein Schaufenster mit alten Uhren, weil man halt heute nicht mehr so zeigt, was es gekostet hat.

Was heisst dies für die Gastronomie? Es ist nicht mehr nur Champagner, sondern immer mehr der Prosecco; es ist nicht mehr die Gänseleber-Terrine, sondern die Tafelspitz-Sülze; es ist weniger der Loup de Mer, sondern häufiger der Bachsaibling.

Salooning

Der nächste wichtige Trend heisst Häuslichkeit, «nesting» oder «cocooning».

Wir haben es uns zuhause so schön gemacht, dass wir gar nicht mehr rauswollen. Kein Luxushotel kann da mithalten, so schön haben wir's zuhause. Also sind Ausser-Haus-Lieferungen gefragt, Take-aways.

New York hat ein Telefonbuch für Ausser-Haus-Lieferungen, das ist bald dicker als das reguläre. Wer noch Küchen-Kapazitäten frei hat, der sollte da mal überlegen, ob Ausser-Haus-Lieferungen etwas für ihn wären – natürlich erst nach einer sorgfältigen Situationsanalyse.

Kinder berücksichtigen

Wenn wir nun wissen, dass Babies und Kinder wieder «in» sind, sollte man sich auch hierauf einstellen und entsprechende Leistungen anbieten. Ein bisschen ist jedoch zu wenig; wiederum müssen dies Aktionen vom Feinsten sein, denn bezüglich der Kinder haben wir in den deutschsprachigen Ländern in den letzten Jahren eine Romanisierung durchgemacht; der deutsche Papi ist da ein kleiner Italiener geworden. Ich kann nicht mehr mit ein paar Mal-Sets und ein paar stumpfen Stiften daherkommen. Da ist am Sonntag schon eine Kindergärtnerin gefragt, die die Kleinen schminkt und mit ihnen kreative Spiele macht; denn schliesslich entscheiden doch die Kinder, wo's am Sonntag zum Essen hingeht. Wir haben jeden Sonntag eine Profi-Kindergärtnerin im Haus, haben eine grosse Papageien-Voliere mit bunten und attraktiven Aras nur wegen der Kinder. Auch erfolgreiche Supermärkte haben sich am passenden Standort bereits mit grossen Kinderspielecken auf diese Veränderung eingestellt.

Mit meiner Frau zusammen mache ich zwei Mal im Jahr eine Reise nach Fernost oder in die USA, nur um eben festzustellen: Wo schlägt der Zeitgeist?

Mein letztes «Trend-Scouting» ging nach New York. Schauen Sie sich einmal das Kinderspielzimmer im Paramount-Hotel an, dem Designer-Hotel von Philippe Starck. Darin finden Sie fantasievollste Kindersessel, die aus 150 Plüschfiguren zusammengesetzt sind; da finden Sie Aquarien mit künstlichen Fischen und ganz bunt gefärbtem Wasser drin – eine absolute Traumwelt für Kinder!

Natürlich laufen da auch noch fünf oder sechs Fernseher, und die sind alle aussenrum mit Hunderten von Puzzles-Teilchen dekoriert, und es läuft von Cinderella bis Dschungelbuch alles, wovon Kinder träumen.

Gerade kopieren brauchen Sie es ja nicht – es geht mir um die Trends. Trends sind Chancen. Setzen Sie diese mit kreativen Ideen um, und schon haben Sie sich wieder ein Stück weit von Ihren Mitbewerbern abgesetzt.

Ökologie

Wer heute gegen wesentliche Grundsätze der Ökologie verstösst, ist mit Sicherheit ein Verlierer. Die Belange der Natur müssen in alle Aspekte des Managements und des Marketings eingebaut werden. Der Kunde akzeptiert den Widerspruch nicht mehr, wenn er den bekannten Zweizeiler im Badezimmer «Handtuch am Boden = ich will ein neues; am Haken = ich brauch's nochmal» liest und dann am Frühstücksbuffet oder im Badezimmer nur abgepackte Waren vorfindet. Dann entlarvt er uns als Scharlatane, denen es nur darum geht, die Kosten für die Wäscherei niedrig zu halten, die sich aber überhaupt nicht wirklich für die Umwelt interessieren.

Freizeit/Multi-Kulti

Die Freizeit hat an Bedeutung nicht abgenommen: Vom Karriere-Denken zur persönlichen Innenschau. Menschen reisen vermehrt. Exotik ist «in» und auch das Zusammentreffen mit fremden Kulturen. Eine der letzten BOSS-Kollektionen wurde in Kuba fotografiert. Die Kalifornien-Cuisine ist inzwischen umgetauft in «Free-Style-Cuisine»: Alles ist erlaubt! Sie können heute auf dem Land, wo's vorher vor allem traditionelle Gerichte gab, mit frischem Koriander arbeiten; Sie können Designer-Pizzen anbieten – Multi-Kulti ist angesagt. Ethno-Food ist der absolute Gewinner in der Food-Branche; unsere Gäste waren alle schon vor Ort, waren schon in den betreffenden Ländern. Die sind doch besser informiert als viele Gastronomen.

Entscheidendes Kauf-Motiv: Erlebniswerte

Der vielleicht wichtigste Trend ist der nächste: Erlebnis-Orientierung. Freizeit als Erlebnis-Management. Die Menschen sind erlebnishungrig und planen ihre Freizeit mit einem hohem Stellenwert. In Zeitplan-Seminaren sitzen immer mehr Leute, die ein Zeitplanbuch gar nicht gross beruflich brauchen, sondern nur ihre Freizeit auf die Rolle kriegen wollen.

Es gibt diesbezüglich kaum noch Unterschiede zwischen dem Besuch eines Restaurants oder eines Konzertes, einem Musical-Besuch oder einem Shopping-Nachmittag. Es geht immer auch um Erlebnisse.

Bei meiner letzten Studienreise habe ich in den USA festgestellt, dass es nicht mehr reicht, eine Branche in einem Raum zu haben. Dies ist nicht intensiv genug. Ein Bistro genügt nicht, es braucht dazu noch ein Reisebüro, und ist der Platz für beides zusammen nur 80 m^2 gross. Es wird den Leuten langweilig, nachdem der Kaffee getrunken ist; die Mädels sind weg und mit Bird-watching läuft nichts mehr. Dann steht man halt auf, geht zehn Schritte zum Computer des Reisebüros in die Ecke und schaut mal nach, ob's da noch einen netten Last-Minute-Flug zu buchen gibt – in ihrem Zeitplanbuch ist da gerade noch eine weisse Stelle!

Zwei Branchen in einem Raum: In den USA bereits häufig und erfolgreich umgesetzt. Ein Restaurant und ein Antiquitätenladen; ein Coffee-Shop und eine Boutique; ein Jeans- und ein Blumenladen; ein Sportschuhgeschäft mit einer angegliederten Basketball-Halle, wo Schüler Baskettball spielen, damit sie eben zum Erlebnis «Schuh-Kauf» gleich noch das Erlebnis des Ausprobierens haben, versuchen können, wie die sich anfühlen.

Möglichst viel und zu möglichst jeder Zeit! Das Ladenschlussgesetz ist in meinen Augen nicht mehr lange haltbar. Da wehrt sich zwar der Einzelhandel, aber weil er halt nur an sich selber denkt und den Kunden vergisst. Als Kunde akzeptieren wir die Autoritäten nicht mehr. Wir wollen dann einkaufen, wenn es uns passt.

Der «Benzin-Surfer»

Kein Trend ohne Gegentrend. Wir wissen, dass Ökologie unheimlich wichtig ist, gleichzeitig aber auch unsere Mobilität.

Unsere Kunden leben im Spannungsfeld zwischen ihrer Sorge um die Umwelt und ihren Kicks in der Freizeit. Der Ein-Personen-Haushalt trennt von Montag bis Freitag seinen Müll dreifach; Freitagabend aber kommt das Surfbrett aufs Dach, und dann geht's auf der verstopften Autobahn zum Gardasee und am Sonntagabend wieder zurück. Ökologie und Mobilität – der heutige Konsument bringt das irgendwie in Einklang.

Kultur – die Zukunft

Alles, was mit Kultur zusammenhängt, hat Riesen-Zuwachsraten. Professor Opaschovsky sagt: «Kultur nimmt bis zum Jahr 2000 um 100% zu – oft zu Lasten des Sportes.» Kultur heisst aber nicht nur Malerei, Bildhauerei und Musik, Kultur heisst auch «Gourmendise». Wenn Sie heute irgendeinen alten Gewölbekeller aktivieren und dort Ihre Apéros in Verbindung mit einer Weindegustation vor dem Essen veranstalten, dann ist das Kultur pur.

Wenn der Ueli Steinle in seiner «Magic Factory», in einer umgenutzten Fabrikhalle nahe Zürich mit Laser-Shows oder Broadway-reifen Begleitinszenierungen Essen zelebriert, dann hat das augenscheinlich mit Hunger im herkömmlichen Sinne nichts mehr zu tun.

«Messieurs Mélanges»

Nicht neu, aber noch immer nicht angemessen gewürdigt, ist der «Konfetti-Konsument», der «Sowohl-als-auch-Konsument», der den «Entweder-oder-Konsumenten» abgelöst hat. Der gleiche Gast, welcher zu Mittag seinen Hamburger reinzieht und die Cola light, der geht abends ins Gourmet-Restaurant. Tagsüber eine Swatch am Arm, abends die Patek Philippe.

Die gleiche Familie, welche einmal im Jahr die Ferien in der Fränkischen Schweiz verbringt, in einem sehr preisgünstigen Haus ohne Telefon und ohne Fernseher, die gleiche Familie fliegt im Dezember mal kurz nach Manhattan, denn einmal im Jahr *braucht* man halt einfach die Weihnachtsdekoration in der Third Avenue. Der heutige Konsument oszilliert in der Maslowschen Bedürfnis-Pyramide permanent; ein Hin- und Herspringen zwischen Grundbedürfnissen – Sicherheit, sozialen Bindungen, Prestige, Ego und Selbstverwirklichung. Der gleiche, welcher einmal jeden Monat einen Baum pflanzt und jeden Morgen mit dem Fahrrad ins Büro fährt, holt am Samstag seinen Oldtimer aus der Garage, und die Karre braucht einen Liter Öl auf 100 m.

Die «Sowohl-als-auch-Konsumitis» zeigt sich darin, dass in einem Michelin-Sterne-Tempel der Lehrling mit seiner Freundin sitzt, und der hat ein Vierteljahr für diese drei Stunden gespart, während in irgendeiner Beiz, die wirklich günstig ist, die Leute mit der Kaufkraft Klasse A sitzen, wie der Schweizer sagt (das sind jene, die nicht wissen, wohin mit dem Pulver).

Für die Gastronomie hat die Firma Katak, eine grosse Beratungsfirma in der Schweiz, herausgefunden, dass als Motiv für den Besuch eines Restaurants 1985 das gute Essen noch an zweiter Stelle der Rangliste stand. Nach der Prognose der gleichen Firma für das Jahr 2000 steht der hohe Unterhaltungswert an erster Stelle, und das gute Essen befindet sich nun weit abgeschlagen im hinteren Mittelfeld. Basisfähigkeiten sind wichtig. Sie werden als stimmig vorausgesetzt; wegen Ihrer guten Basisfähigkeiten gewinnen Sie jedoch niemals den Wettbewerb.

Heute gehen wir zum Klamotten-Einkaufen, weil wir eine Einladung zur Vernissage haben; wir trinken ein Glas, und wenn es lustig ist, dann nehmen wir vielleicht noch einen Kaschmir-Pulli mit; niemand kauft mehr Kleider, weil er friert! Der Schrank geht eh nicht mehr zu.

Qualität ersetzt Quantität

Dies gilt sogar im Supermarkt. Da finden Sie in Las Vegas' Supermärkten beispielsweise Saft-Abteilungen mit einem Angebot von frisch gepressten Säften in Mehrweggläsern – auf Eis natürlich. Sie kaufen mit Ihrem Wagen ein, nehmen sich Ihren Erdbeersaft, Ihre «eigene» Mischung aus Sellerie/Apfel oder Karotte/Apfel mit und nächstes Mal eine andere Vitamin-Ladung in die gleiche Flasche.

Spannung statt Harmonie

Die letzte Reise in die USA hat mir wieder einmal Investitionen von mehr als DM 100 000,– erspart. Wir sind nämlich gerade dabei, unsere zehn Jahre alten Altbau-Bäder für viel Geld zu renovieren; da kostet eines zwischen DM 15 000,– und DM 20 000,–. Nun haben wir gesehen, dass dies gar nicht nötig ist, denn auch im Ambiente hat sich vieles verändert. Es ist nicht mehr Harmonie angesagt, sondern Spannung. Alt und Neu ganz dicht nebeneinander. Alte Bauerntische und eine Arte-Luce-Lampe. Murano-Wandglas-Lampen und daneben eine Antiquität. Und betreffend unsere Bäder sind wir einmal mehr vom Paramount-Hotel inspiriert worden.

Das Paramount-Hotel ist aus einem ganz alten Hotel entstanden, und die haben nur Spannung hineingebracht. Die haben die Bäder so alt gelassen, wie sie sind, mit den 30 Jahre alten Fliesen, und einfach einen Designer-Waschtisch reingestellt als Gegenstück, aus Chrom oder aus Edelstahl, nur um diesen Kontrast aufzubauen; und es wirkt beeindruckend! Es erzeugt Resonanz.

Trendorientierung

Jetzt kommt die Entwarnung. Es gibt keinen Trend ohne Gegentrend! Nutzen Sie Trends nur aus, wenn sie für Sie wie Rückenwind wirken. Sie sind mit Ihrem Unternehmen auf dem Gardasee am Surfen; jetzt kommt der Wind genau von hinten und bringt Sie vorwärts – ja den müssen Sie doch mitnehmen! Trends, die Ihnen ins Gesicht blasen, lassen Sie blasen. Das Wichtigste, was Sie berücksichtigen müssen bezüglich Trends: Wer jeden Trend mitmacht, der verliert seine Glaubwürdigkeit.

Wichtig ist nur, dass der Unternehmer möglichst alle Trends erkennt, dass er permanent die Hand am Puls der Zeit hat und immer weiss, was da draussen in Bewegung ist und sich verändert.

Mitbewerberanalyse

Austauschbare Leistungen führen zu einer Rendite von Null.
Um dies zu verhindern, ist genaue Kenntnis
des Mitbewerbers vorausgesetzt.

Ihr Nachbar muss nicht zugleich Ihr Mitbewerber sein.
In meinem direkten Einzugsgebiet gibt es zwar
Hotels, aber für meinen Tagungsbetrieb keinen Mitbewerber, weil
in unserer Liga hier halt keiner mitspielt.

Dieses Wort, Mitbewerberanalyse, tönt für viele ein bisschen nach Unanständigem, das machen wir nicht so gerne. Wir kommen aber nicht darum herum, wenn wir erfolgreich sein wollen. Wir haben keine andere Chance, als uns mit den Mitbewerbern akribisch auseinanderzusetzen.

Man kann sich sagen, dass die Mitbewerberanalyse gebraucht wird, um dem Kollegen zu helfen; denn das Schlimmste, was zweien auf dem Markt passieren kann, ist, dass sie austauschbare Leistungen produzieren. Da gibt es so etwas wie ein Naturgesetz:

Austauschbare Leistungen führen immer zu einer Rendite von Null oder Minus – es ist nur eine Frage der Zeit.

Nicht austauschbare Leistungen kann ich aber nur kreieren und anbieten, wenn ich weiss: Was macht der Mitbewerber?

Ich habe letztes Jahr an einem Buch mitarbeiten dürfen, herausgegeben vom Dehoga, vom Österreichischen Hotelier-Verband, und vom Schweizerischen Hotelier-Verein. Das Buch heisst «Marketing der Gastfreundschaft». Dort sind lückenlose Checklisten drin zur Konkurrenzbeobachtung, fast wie ein Selbstbedienungsladen. Das braucht man natürlich nie alles auf einmal zu verwenden. Der eine braucht dieses und der andere jenes; beschrieben ist jeweils beides.

Sie brauchen **massgeschneiderte** Checklisten für Ihre Konkurrenten, und die müssen Sie sich deshalb selbst zusammenstellen.

Mithilfe der Mitarbeiterinnen und Mitarbeiter

Und so haben wir es im Schindlerhof eingerichtet: Jede Führungskraft hat ein Patenkind, das heisst einen Mitbewerber zur Betreuung. Für dieses Patenkind steht ein Budget zur Verfügung. Wir haben in unserem Jahreszielplan immer etwa DM 5000,– reserviert nur zur Konkurrenzbeobachtung. Meine Mitarbeiter übernachten dort, wenn der Mitbewerber ein Hotel führt, ein- bis zweimal im Jahr. Ist der Mitbewerber ein Restaurant oder eine Bankettabteilung, dann wird zweimal im Jahr dort gegessen, um immer wieder diesen Ordner, den wir über jeden unserer Mitbewerber führen, up-to-date zu halten. Wir haben sämtliche verkaufsfähigen Unterlagen im Haus, von der Image-Broschüre bis zu den neuesten Bankettvorschlägen. Wir kennen sogar den Briefstil, untersuchen also unsere Mitbewerber sehr genau. Und damit es unseren Mitarbeitern auch Spass macht, machen die dies natürlich zu zweit. Das heisst, sie übernachten mit Freund, sie gehen zu zweit essen, damit es auch einen Freizeitwert hat.

Als Belohnung für diese Beobachtung, diese Kontrolle der Mitbewerber, haben wir dann noch zwei sogenannte Sparring-Partner, Betriebe, die zu den Besten der Branche zählen, die keine direkten Konkurrenten sind von uns, von denen wir aber lernen können.

Wer ist Ihr Mitbewerber?

Zuerst müssen Sie wissen, wer eigentlich Ihr Mitbewerber ist. Das ist der, bei welchem Ihre Kunden dann sind, wenn sie nicht bei Ihnen sind. Und kommen Sie bitte weg vom Irrglauben, dass die Kunden nur bei Ihnen sind. Die Definition eines Stammgastes ist heute eine ganz andere als vor zehn Jahren. Man weiss aus der Ferienhotellerie, dass der Stammgast alle vier Jahre wieder zurückkommt. Die drei Jahre dazwischen ist er eben woanders, aber trotzdem fühlt er sich als Stammgast, wenn er nach vier Jahren wieder kommt. Ich weiss auch von Geschäftsleuten, die bei uns Stammgäste sind, dass sie gleichzeitig hier und dort auch noch verkehren.

Im Tagungsbereich ist es bei uns noch krasser. Da gibt es für uns zum Beispiel einen Mitbewerber in Norddeutschland, aber überhaupt keinen im direkten Einzugsbereich, weil in unserer Liga hier keiner mitspielt.

Man kann in der Regel nicht einen einzigen Mitbewerber festlegen für alle Abteilungen. Ich selber beispielsweise habe drei Mitbewerber für mein à-la-carte-Restaurant. Ich habe zwei, aber völlig andere Mitbewerber für meine Bankettabteilung. Ich habe zwei weitere

Mitbewerber in der Tagungsabteilung, und ich habe wieder zwei andere im Logis-Bereich.

Ameisen-Tätigkeit

Wir sammeln **alle** greifbaren Informationen. Da geht es zunächst einmal um Daten zum Objekt des Mitbewerbers. Wir unterscheiden, ob es ein Inhaber- oder ein Pachtbetrieb ist. Der Inhaber hat in der Regel ein ganz anderes Stehvermögen, weil für ihn viel mehr auf dem Spiel steht als für den Pächter; der nimmt halt seine Stereoanlage und seine Spülmaschine unter den Arm, wenn's nicht mehr läuft, und geht woanders hin; dafür gibt's genügend Beispiele.

Wir unterscheiden aber auch bei den Inhaber-geführten Betrieben, ob ein Gründungsunternehmer am Werk ist oder ob der Betrieb in der zweiten oder dritten Generation geführt wird. Der Gründungsunternehmer hat in der Regel am meisten Biss.

Die zweite Generation ist oft schon etwas softiger, und bei der dritten Generation ist es ähnlich. Der alte Fritz sagte einmal nicht ganz zu Unrecht:

> ***«Die erste Generation baut auf, die zweite verwaltet und die dritte studiert Kunstgeschichte!»***

Wenn sie es nur täten ... Es gibt viele Unternehmer der dritten Generation und der folgenden, die den Betrieb mittelmässig führen; dort müssen Sie auch nicht so oft hingehen: Einmal im Jahr reicht.

Dass man mich richtig versteht: Ich habe grösste Hochachtung vor jungen Leuten der dritten und vierten Generation, die das Unternehmen mit dem Biss eines Gründungsunternehmers führen, nur sind die leider – oder Gott sei Dank – selten.

Betreiber-Motiv

Danach suche ich beim Mitbewerber als erstes. Wenn Sie heute eine Million von Ihrer Bank wollen, dann ist die zweite Frage in den Checklisten aller Banken: «Was ist Ihr Antragsmotiv?» Es ist im Grunde nichts anderes als die Frage nach der persönlichen Vision, «what makes you tick», warum will er sich in Schulden stürzen, warum betreibt er diesen Laden? Das zu wissen, ist auch für mich wichtig.

Ist einer meiner Mitbewerber ein begnadeter Küchenmeister, dann ist ja klar, dass ich nicht versuche, ihn in der Küche zu schlagen, sondern probieren muss, ihn irgendwo ganz anders zu erwischen, vielleicht im Service oder bei den Weinen, im Ambiente oder anderswo.

Schriftliche Anfragen

Dann eruieren wir Eigenschaften und Umstände wie Ausstrahlung des Hauses, Standort, Bauqualität des Objektes, Verkehrssituation, Parkplätze usw.

Wir machen sogar schriftliche, fingierte Anfragen, bevor wir hingehen. Auf verschiedenen Briefpapieren wird dann angefragt für den siebzigsten Geburtstag der Grossmutter, beispielsweise für 40 Personen. Wir wollen sehen: Wie lange brauchen die Mitbewerber, um eine Anfrage zu beantworten? Ich hatte einen, der hat 14 Tage dafür gebraucht; da ist die Grossmutter schon gestorben.

Wir wollen wissen, wie es mit dem Anschreiben aussieht. Da gibt's Leute, die verschicken ihre Menüvorschläge, und es ist nicht einmal ein Kurzbrief dabei; die sind einfach als Drucksache in einem Kuvert drin.

Wir wollen wissen, ob es ein persönliches Anschreiben ist. Ist wenigstens die Anrede von Hand geschrieben, wie in einem ordentlichen englischen Country-House-Hotel? Wir vergessen nicht einmal, die

Rechtschreibefehler zu zählen. Mit einem Wort: Wir wollen wissen, wie verkaufsfähig dieses Angebot ist.

Der grosse Vorteil, wenn Sie Ihre Mitarbeiter einbinden in die Mitbewerberkontrolle, ist der, dass eine Wechselwirkung entsteht. Bei uns passieren schliesslich die genau gleichen Fehler; wo Menschen arbeiten, gibt es Fehler. Aber jetzt sieht der Mitarbeiter diese Fehler beim anderen mit den Augen eines Gastes; dann fällt es ihm doch wie Schuppen von den Augen, und er sagt: «Um Gottes willen, das hätt' jetzt grad bei mir auch passieren können.»

Und daraus entsteht sehr viel Innovation; daraus entstehen Vorschläge für Weiterbildungsmassnahmen, Telefonseminare zum Beispiel, nämlich dann, wenn der Mitarbeiter beim Mitbewerber telefonisch reserviert und dann den Buchbinder-Wanninger-Effekt kennenlernt. Reservieren Sie einmal morgens um 10.00 Uhr oder früh um 9.00 Uhr in einem Restaurant einen Tisch; dann werden Sie verbunden zuerst mit der Reinemachefrau, dann vielleicht mit dem Bierfahrer oder mit sonst wem, der halt gerade im Haus ist.

Der Besuch!

Wenn wir dann hinfahren, wird beim Besuch alles akribisch angeschaut, von der Parkplatzsituation, der Beleuchtung, dem Gästeempfang und der Plazierung bis zur Mise-en-place und zur Speisekarte (die kaufen wir halt).

Wir achten auch auf die Beratung vor der Bestellung, auf das Ambiente; wir wollen wissen, von wem das Porzellan ist, das Besteck, wie es mit der Musik ausschaut: Betreibt er Körperverletzung am Mitarbeiter, indem er noch mit Kassetten arbeitet, die alle Stunden das gleiche Lied wiederholen, oder hat er Zufalls-CD-Wechsler?

Wie sieht die Qualität seiner Produkte aus? Wir achten auf die Sachleistungen, die Speisen und Getränke, genauso wie auf die Dienstleistungen. Wie ist der Service? Nimmt er Kreditkarten? Wie ist die Stimmung? Wie ist das Verabschieden des Gastes?

Verhalten bei Reklamationen

Und dann ganz wichtig: Wie ist das Verhalten des Mitbewerbers bei Reklamationen?

Sie können anhand dieses Verhaltens zweifelsfrei auf die Unternehmenskultur schliessen. Da zeigt sich, ob eine Unternehmenskultur wirklich gelebt wird, ob die Unternehmenskultur Sein oder nur Design ist, also bloss gedrucktes Papier.

Wir schauen uns die Mitarbeiter im Restaurant genau an. Wie sieht die Gästestruktur aus, das heisst, wie viele Stammgäste waren da? Wie viele Leute werden mit dem Namen angesprochen?

Kommunikations-Mix

Auch diesen untersuchen wir. Nutzt der Mitbewerber auch das billigste Kommunikations-Instrument aus, die Inhouse-Promotion? Und wie tut er das? Hat er Werbung nötig? Macht er Verkaufsförderungs-Aktionen? Wie sehen ihn die Profi-Esser, also Michelin, Gault Millaut, Aral, Varta?

Situationsanalyse

Wir Unternehmer sind doch alle verliebt in unseren Betrieb, sind dadurch für bestimmte Bereiche betriebsblind. Dies überwinden Sie mit externen Beratern.

Vor Ende der Reifephase müssen Sie den «relaunch» auslösen. Sind Sie rechtzeitig, dann kostet das noch nicht viel Geld. Beim Auto spricht man von Facelifting – zwei neue Aussenspiegel, ein neues Felgen-Design und eine neue Farbpalette mögen bereits genügen.

In der Privathotellerie haben viele die Reifephase reaktionslos passieren lassen; die müssen heute den ersten Stock als Apart-Hotel verkaufen, nur um die Halle im Parterre sanieren zu können.

Die aus der Mitbewerberanalyse gewonnenen Kenntnisse dienen uns jetzt dazu, uns selber gegenüber den Mitbewerbern klar zu positionieren. Ich will schliesslich draussen auf dem Markt anders wahrgenommen werden als meine Konkurrenten. Und da muss ich zuerst schauen, wie sich meine Mitbewerber positionieren. Erst wenn ich das weiss, kann ich mich selber positionieren, ohne dass wir «aufeinandersitzen».

Grobpositionierung

Die einfachste Form der Grobpositionierung (gegenüber den Mitbewerbern) ist die mittels eines Positionierungskreuzes. Da können Sie die beiden Achsen eines Kreuzes nun beschriften wie Sie wollen; in der jungen Gastronomie steht vielleicht in der Vertikale hoher Erlebniswert/niedriger Erlebniswert; in der Treuhandbranche vielleicht hohes persönliches Engagement der Mitarbeiter und niedriges persönliches Engagement; in der Ferienhotellerie hoher und niedriger Freizeitwert. Es könnte in der Vertikale auch bezeichnet sein mit hohe Dienstleistung/niedrige Dienstleistung und in der Horizontale zum Beispiel mit teuer/billig.

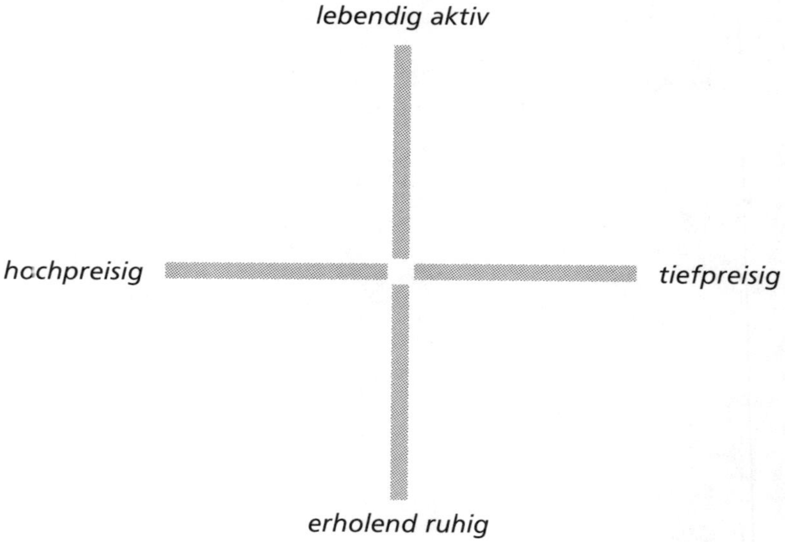

Ich nehme als fiktives Beispiel einmal die Tagungshotellerie an. Angenommen, einer meiner Mitkonkurrenten liegt im Positionierungskreuz in der Ecke links unten; vielleicht veranstalten die in ihren Tagungsräumen auch gleich noch Bankette. Das zeugt nicht von besonders hoher Spezialisierung. Dann stelle ich vielleicht fest, dass es noch einen zweiten Mitbewerber gibt, der ähnlich positioniert ist; das heisst, der zweite hockt dem anderen fast auf der Pelle. Die produzieren jetzt austauschbare Leistungen, und diese führen immer zu einer Rendite von Null oder Minus. In solchen Fällen können Sie Gift darauf nehmen, dass der mitzieht, wenn Sie in einem solchen Haus vorsprechen und erwähnen, der andere hätte Ihnen einen günstigeren Preis offeriert. Denn die wissen in der Regel um die Austauschbarkeit ihrer Leistung mit derjenigen des Konkurrenten und meinen, sie hätten keine andere Wahl.

Dann gibt's vielleicht einen, der ist sehr sehr günstig; der hat deshalb eine niedrigere Dienstleistung. Der liegt dann rechts unten im Eck, ist aber unangefochten, wenn er beispielsweise eine Vollpensions-Tagungspauschale für hundertfünfzig Mark anbietet.

Wenn sie alle Konkurrenten im Positionierungskreuz eingesetzt haben, dann plazieren Sie sich selber. Wenn ich jetzt meine Tagungsabteilung als Beispiel nehme, dann sind wir mit dem Schindlerhof wohl links oben. Wir gehören zu den Teuersten; aber wir haben im Tagungsbereich eine ausserordentlich hohe Dienstleistung (permanent besetztes Tagungssekretariat, nur frisch gepresste Säfte usw.).

Wenn ich jetzt eine Allein-Position habe, dann kann ich es abhaken; dann kann ich da bleiben, wo ich bin. Wenn ich aber merke, dass meine Ist-Positionierung sich mit jemand anderem überschneidet, dann kann ich damit nicht einverstanden sein, sondern muss eine gewünschte Soll-Positionierung festlegen, die es dann zu erreichen gilt.

Ich müsste vielleicht die Dienstleistung etwas ausbauen und trotzdem versuchen, noch ein bisschen günstiger zu werden; ich könnte aber auch hingehen und sagen: «Ich baue Dienstleistungen aus und werde gleichzeitig teurer.» Das heisst, ich versuche, ein bisschen mehr nach rechts oben zu gelangen. Wichtig ist, dass ich aus dem Berührungskreis des Mitbewerbers wegkomme. Mit einem Wort: sich freischwimmen.

Betriebs-Diagnostiker

Nun kommt die Analyse des eigenen Unternehmens. Ich sagte bereits, dass wir uns einmal im Jahr hierfür einen externen Berater leisten, weil wir genau wissen: Wir sind alle verliebt in unseren Betrieb, sind betriebsblind!

Und so ein Berater, der von aussen kommt, der den Daumen auf unsere offenen Wunden legt und mit seinem Skalpell ganz schön ins Fleisch reinschneidet, den leisten wir uns für einen Tag.

Bei uns ist das immer Roland Berger. Was macht der mit uns? Er verwandelt uns alle zunächst einmal in Vögel, und wir schauen uns die Welt aus der Vogelperspektive an.

Wir wollen die Marktattraktivität feststellen!

Und dann beantworten wir dem Roland Berger Fragen, mit denen sich unsere AbteilungsleiterInnen das ganze Jahr über beschäftigen.

Dies beginnt mit der Frage nach dem Marktvolumen. Wissen Sie, wie gross Ihr Markt wirklich ist? Und auf uns zugeschnitten: Wie viele Übernachtungen gibt es im Grossraum Nürnberg/Fürth/Erlangen insgesamt? Wie viele Geschäftsessen laufen in unserem Einzugsgebiet täglich, wöchentlich, monatlich und jährlich ab?

Sie müssen das Marktvolumen kennen, wenn Sie Entscheidungen treffen wollen. Wenn Sie alles aus dem Bauch machen und nur herumschätzen – gut, vielleicht haben Sie Glück, denn tatsächlich gibt es Unternehmer, die wissen nicht, warum sie erfolgreich sind. Das sind aber die gleichen, die dann, wenn sie keinen Erfolg mehr haben, auch nicht wissen, warum.

Weiter kümmert sich unsere Neugier um die Frage: Handelt es sich bei diesem Markt, in dem wir uns bewegen, um einen wachsenden, einen stagnierenden oder gar um einen abnehmenden Markt? Das hat natürlich auch mit der Frage nach der Marktattraktivität zu tun.

Ganz wichtig ist dann die Frage: Wie sieht's mit den erzielbaren Preisen aus? Immer dann, wenn sehr gute Preise erzielbar sind, haben Sie einen attraktiven Markt. Ich betone an dieser Stelle: Wir analysieren zuerst nur, wollen erkennen und Bewusstsein schaffen. Wir ziehen noch keine Folgerungen aus den Feststellungen.

In der Hotellerie ging's im letzten Jahr zu wie am Basar in Kairo; die erzielbaren Preise waren eher niedrig und der Markt damit unattraktiv.

Die nächste Frage betrifft die Investitionserfordernisse und zielt auf die Eintrittsbarrieren in den Markt. Wie hoch sind die Eintrittsbarrieren für einen Aussenstehenden, wenn er rein will in den Markt? Sind die hoch oder niedrig? Bei uns sind sie nicht besonders hoch; zwei Stunden Industrie- und Handelskammer und schon sind Sie drin, also ein Zeichen eines nicht allzu attraktiven Marktes.

Wie risikoträchtig ist ein Markt? Wir wussten letztes Jahr, dass einige um uns herum schon daran waren umzukippen; hier konnte einer die Gehälter nicht mehr zahlen seit einem Monat, da war einer mit der Pacht im Rückstand und dort wurde schon verkauft. Auch das waren alles Indizien, dass der Markt nicht so attraktiv war.

Die letzte Frage, die wir uns stellen: Wie beurteilen wir die Konkurrenzsituation?

Damit wir all diese Fragen anlässlich dieses einen Tages mit Roland Berger beantworten können, behalten wir unsere Mitbewerber ganzjährig im Auge. Im Grunde genommen ist dieses permanente Informationen-Sammeln das Jahr hindurch, dieses ganzjährige Im-Auge-Behalten der Mitbewerber und des Marktes nichts anderes als Marktforschung, nur müssen wir dafür nicht Dritte bezahlen und wird diese durchgeführt von den eigenen Leuten, und die wissen aufgrund der Vertrautheit mit unserem Unternehmen ganz genau, worauf sie achten müssen.

Verteilung der Noten

Jetzt gehen wir dazu über, diese einzelnen eben behandelten Bereiche mit einer Skala zwischen 0,5 und 3 zu gewichten. Unabhängig noch von den konkreten Feststellungen differenzieren wir nach der Wichtigkeit der einzelnen Fragen für unseren Betrieb. Es ist klar, dass das Marktvolumen für mich wichtiger ist als die Eintrittsbarrieren, also muss ich es auch höher bewerten als die Barrieren.

Und dann bewerten wir die Antworten, die Feststellungen, die sich zu den einzelnen Punkten ergeben haben mit Noten zwischen 1 und 6, 1 für sehr gut, 3 für mittelmässig und 6 für schlecht. Und wichtig ist daran nun nicht die Exaktheit der Note auf den halben Punkt genau, sondern interessant dabei ist vor allem auch die Diskussion in der Führungs-Crew. Wie sehen meine AbteilungsleiterInnen die Marktattraktivität, die Preismöglichkeiten? In diesen regelmässig äusserst effizienten Diskussionen lernen wir sehr viel.

Vom Vogel zum Frosch

Dann verwandelt uns Roland Berger von Vögeln in Frösche. Und jetzt schauen wir uns aus der Froschperspektive unsere eigene Wettbewerbsstellung an.

Jetzt plötzlich wird uns unser eigener Laden wichtig. Wir wollen wissen: Wie hoch ist unser eigener Marktanteil? Vorher haben wir festgestellt, wie viele Übernachtungen es insgesamt gibt, auch wie viele Betten in unserem Einzugsgebiet zur Verfügung stehen. Jetzt können wir anhand der eigenen Zahlen sehr gut feststellen, ob wir überdurchschnittlich oder unterdurchschnittlich gut sind. Wir ersehen daraus die Grösse unseres Kuchenstückes am Gesamtkuchen.

Die nächste Frage zielt nach der Qualität im eigenen Haus. Jetzt befassen wir uns mit unserem Stärken-Schwächen-Profil, mit den genau gleichen Kriterien, die wir übers Jahr hindurch bei den Mitbewerbern ebenfalls anschauen.

Die nächste Frage: Wie ist unser Image? Bei den Gästen, bei den MitarbeiterInnen, bei den Lieferanten, bei den Behörden, bei den Banken, bei der Presse?

Aktives Marketing

Spannend ist auch die Beantwortung der Frage, wie aktiv unser Marketing ist.

Es soll Leute geben, die sperren frühmorgens ihren Laden auf, hängen die Speisekarte raus, sind dann den ganzen Tag für ihre Gäste da, und abends sperren sie wieder zu. Das wäre passives Marketing.

Aktives Marketing heisst, nicht zu warten, bis zufällig jemand kommt, sondern den Markt mittels aller zur Verfügung stehenden Marketing-Instrumente aktiv zu bearbeiten.

Die nächste Frage zielt auf die Infrastruktur im Haus. Was sind unsere Achillesfersen? Wir beispielsweise haben zu wenig Parkplätze; es fehlt uns eine grosse Hotelbar. Erst das Wissen um unsere Schwächen ermöglicht uns nun, diese über eine saubere strategische mittel- oder langfristige Planung abzubauen bzw. in Stärken zu verwandeln.

Stichwort Firmen-Konjunktur

Und jetzt die vielleicht wichtigste Frage, um die eigene Wettbewerbsstellung festzulegen: Wie sieht's mit der Rendite im Unternehmen aus?

Wenn Sie in Ihrem Haus eine schlechte Rendite haben, dann haben Sie eine schlechte Wettbewerbsstellung; wenn Sie aber eine hohe Rendite haben – ich übertreibe jetzt –, dann kann's Ihnen fast egal sein, wie attraktiv der Markt ist.

Es gibt Branchen-Konjunkturen, und es gibt Firmen-Konjunkturen. Wenn es dem Grossteil der Konkurrenten nicht so gutgeht, dann muss das noch lange nicht heissen, dass Ihnen dasselbe passieren muss – von politisch bedingten Eingriffen und tiefgreifenden und unbeeinflussbaren gesamtwirtschaftlichen Umständen einmal abgesehen.

Wieder bietet sich meine Branche für den Anschauungsunterricht an: Während die Voraussetzungen einer florierenden Gastronomie 93 und 94 alles andere als ideal waren, verbündete sich die In-Gastronomie mit der Astronomie, mindestens was die Gewinnzahlen anbelangt: Mit einer klaren Zielgruppe eng positioniert, mit zwei oder drei energievollen strategischen Erfolgspositionen ausgestattet (darauf komme ich noch zurück) und einer konsequenten Marketing-Strategie verpflichtet – genauso lehrten Jung-Gastronomen der Branche den Erfolg, als andere vor der Rezession kapitulierten. Puppasch und Pflaumenbaum habe ich schon erwähnt; das El Cubanito in Zürich, nur gerade an den Wochenenden geöffnet und immer voll, ist ein weiteres Beispiel.

Und hier ein Beispiel aus einer anderen Branche: Die Metzger klagen über Umsatzeinbrüche. Im grenznahen Neuhausen am Rheinfall in der Schweiz führt ein Rolf Zubler eine Fleisch- und Wurstboutique. Dieser nennt und garantiert Ihnen für jedes verkaufte Stück den Herkunftsort und die Art der Tierhaltung. Schlagzeilen über die Landesgrenzen hinaus verdiente sich Zubler im Frühling 1995, als er vegetarische Tage einzuführen begann mit Verkauf von Rezepten und allen entsprechenden Accessoires – da mussten Sie am Morgen dort sein, um wirklich noch einkaufen zu können: Firmenkonjunktur trotz Branchenkrise – gewusst wie!

Nun zurück zu unserem betriebsmedizinischen Tag mit Roland Berger. In all jenen Fragen-Bereichen, die ich oben aufgezählt habe, wird nun gewichtet und bewertet, und zwar wieder abteilungsweise. Um für diesen Tag gewappnet zu sein, sammeln wir ganzjährig die Daten der Industrie- und Handelskammer und die Daten aus der Fachpresse. Wir sind hinter allen Branchenvergleichen her, sei es jetzt von der International-Hotel-Association IHA oder sei es von Banken.

Genauso, wie wir wissen wollen, wie es da draussen im Markt aussieht, werten wir auch unsere eigenen Statistiken genauestens aus. Ich weiss an jedem Zweiten im Monat, wie hoch unsere Belegung im letzten Monat nach Zimmern oder nach Betten war. Ich kann dann bereits mit dem Vorjahr vergleichen und auch mit der Branchenkonjunktur. Nur so können Sie wirklich agieren.

Präzises Festlegen der eigenen Wettbewerbsstellung

Was geschieht nun mit all diesen gewonnenen Informationen? Die fliessen in eine Portfolio-Matrix mit neun Feldern.

Sie sehen links vertikal die Achse «Marktattraktivität» gezeichnet; je höher Sie nach oben kommen, desto grösser ist Ihre Marktattraktivität. Unten waagrecht ist die Linie «eigene Marktstellung». Da zeichnen Sie nun die Ergebnisse der vorher vorgenommenen Bewertungen nach Abteilungen ein. Die Grösse der Kreise symbolisiert die Höhe des Abteilungsumsatzes.

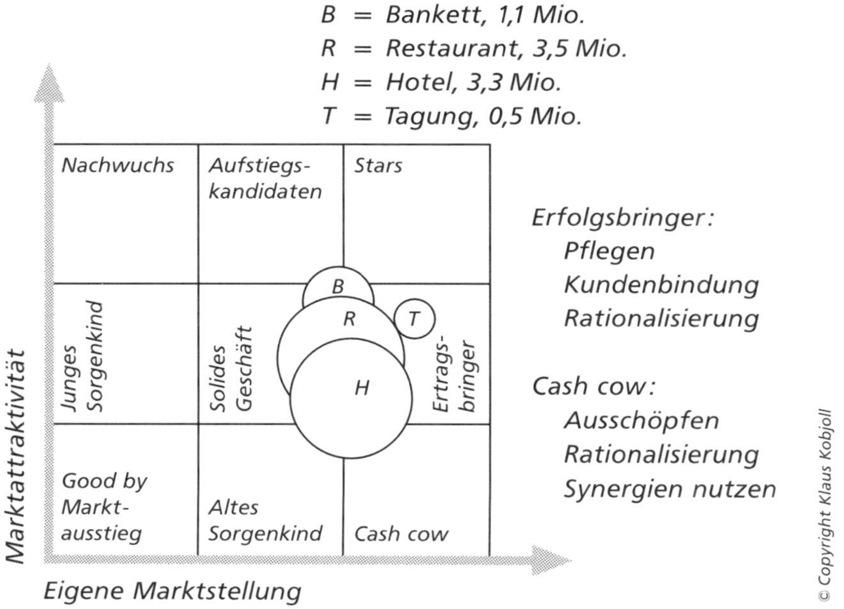

Portfolio-Management

So nennt sich das Ganze, weil der Begriff aus der Bankensprache entlehnt ist. Wenn Sie mit DM 100 000,– zur Sparkasse oder mit ebenso vielen Schweizer Fränkli zur Grossbank gehen, dann sagt Ihnen der Banker: «Ich mache Ihnen ein Portefeuille zurecht. 70 000 Sparkassenbriefe, 20 000 Aktien, 5000 Optionen und vielleicht noch für 5000 Mark Hochriskantes zum Spielen.» Das ist dann Ihr Portefeuille.

Jeder von uns hat bezüglich auch seiner Unternehmung ein solches Portefeuille. Die Stellung innerhalb dieser Neun-Felder-Matrix sagt sehr viel aus über den Lebenszyklus der einzelnen Abteilungen, über den Lebenszyklus eines Produktes. Wir alle wissen: What goes up must come down!

Vom Nachwuchs ...

Jetzt machen wir's mal fest an einem Beispiel. Sie machten vor vier Jahren auf der Insel Rügen den ersten Insider-Treff auf, also wirklich das Geilste, was geht. Die Insel Rügen wird irgendwann einmal vielleicht so attraktiv sein wie Sylt. Sie haben eröffnet, aber es kennt Sie niemand. Der Markt ist attraktiv, aber Ihre eigene Wettbewerbsstellung kann für einen Newcomer noch nicht gut sein. Also sind Sie im Feld «Nachwuchs».

... über den Star ...

Nun spricht sich langsam herum, dass Sie gut sind. Der Markt bleibt attraktiv, und Sie werden zum Aufstiegskandidaten. Jeder Urlauber, der dorthin fährt, weiss: Sie sind die beste Beiz auf der ganzen Insel. Nun haben Sie eine hohe eigene Wettbewerbsstellung in einem attraktiven Markt. A star was born! Jetzt sind Sie ein Star.

… und den Erfolgsbringer zum «poor dog»

Es hat sich herumgesprochen, dass die Insel interessant ist; es kommen fünf Mitbewerber. Dadurch fällt die Attraktivität dieses begrenzten Marktes; vielleicht sind auch die Arbeitslosenzahlen noch etwas gestiegen. Dadurch fallen Sie ab ins Feld «Erfolgsbringer».

Wenn Sie noch schlampen mit Ihren Sach- und Dienstleistungen, dann finden Sie sich schnell in der Rubrik «solides Geschäft», da Sie selber Ihre eigene Wettbewerbsstellung noch verschlechtert haben. Und von daher noch ein bisschen weiter nach links, noch etwas Leichtsinn, und es ist nicht mehr weit bis ins Feld der «jungen Sorgenkinder». Wenn dann der Benzinpreis noch auf DM 5,– steigt je Liter und plötzlich die Arbeitslosenrate 20 % beträgt, der Markt also ganz kaputt ist, dann haben Sie vielleicht noch eine «Cash-cow», wenn Sie immer noch der einzige sind, und können melken, solange noch etwas kommt. Sind aber bereits viele Mitbewerber da, und ist Ihre Wettbewerbsstellung dadurch noch zusätzlich geschwächt, dann haben Sie schon ein «altes Sorgenkind». Und irgendwann heisst es dann: «Goodby» oder Markt-Ausstieg – «poor dog»!

Lebenslauf eines Produktes

Diese Merkpunkte können Sie nun voll übertragen auf den Zyklus eines jeden Produktes.

Sie machen den Laden auf und haben jeden Tag nur DM 500,– auf der Mühle, weil Sie in der Markteinführungsphase sind; es kennt Sie noch niemand. Auf der Matrix steht «Nachwuchs». Nun spricht sich herum, dass Sie gut sind; Sie haben pro Tag schon DM 2000,– in der Kasse; Sie sind in der «Wachstumsphase»; immer mehr kommen, immer mehr kaufen.

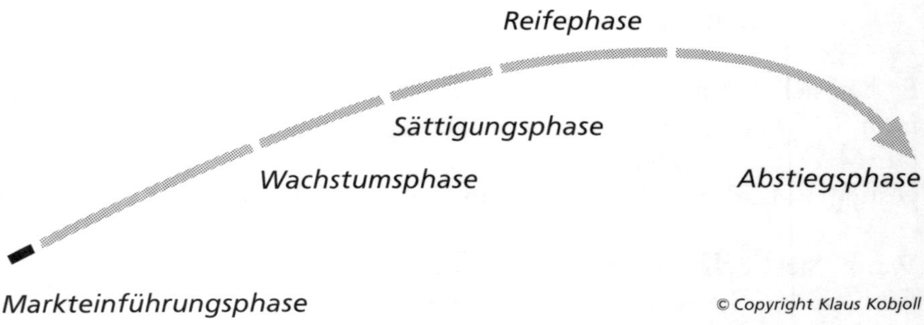

Irgendwann, wenn jeder weiss, dass Sie da sind und drei Reihen am Tresen stehen, sind Sie in der «Sättigungsphase»: Rien ne va plus – mehr als drei Reihen passen halt einfach nicht rein.

Auf die Sättigungsphase folgt die «Reifephase». Nun gibt's Produkte, die haben durchaus eine Reifephase von 50 Jahren: Coca-Cola, Maggi, Tegernseer Bräustüberl. Wehe, die ändern was dran!

Bei Coca-Cola hat man sehr schön gesehen, wie nach einer sehr langen Reifephase trotzdem ein «relaunch» nötig war. Plötzlich hat Coca-Cola alleine nicht mehr gereicht; es wurden Cherry-Coke, Diet-Coke und Classic-Coke nachgeschoben.

Sie können aufgrund dieser Portfolio-Matrix jedes Jahr genau sehen: Wo steht mein Unternehmen?

Wenn Sie so gegen das Ende der Reifephase steuern, ist es höchste Zeit für Sie, einen «relaunch» auszulösen, also neue Impulse zu geben, einen neuen Zyklus zu starten. Wenn Sie es rechtzeitig merken, dann kostet es noch nicht viel Geld. Beim Auto spricht man dann vom Facelifting; da genügen zwei neue Aussenspiegel, die etwas anders aussehen, ein neues Felgen-Design, eine neue Farbpalette, und schon läuft der Neue wieder zwei Jahre weiter, weil man's eben rechtzeitig gemerkt hat.

Wenn Sie's erst nach der Reifephase merken, dann sind Sie schon im Abstieg, und der endet im «point of no return». In dieser Phase genügt es nicht mehr, mit einem kleinen «relaunch» wieder Dampf zu geben. Dann müssen Sie stark investieren, weil Sie in einer klassischen Turn-around-Situation sind. Das wird teuer.

In der mittelständischen Privathotellerie haben oft Generationen nur rausgezogen.

Was ist die Folge davon? Die müssen heute den ersten Stock als Apart-Hotel verkaufen, nur weil sie im Parterre die Halle sanieren wollen.

Navigation über ganzheitliches Marketing

*Die einen betreiben strategische Planung und erzielen höhere Gewinne.
Viele andere machen am Morgen ihren Laden auf
und sagen: «Jetzt schau'n wir mal, wer denn heute alles kommt»,
und es wird schon niemand kommen.*

*Heute entscheiden die Menschen über den Unternehmenserfolg
und nicht mehr die Produkte.*

*Alle Ihre Konzepte müssen unterstützt sein durch ein Organisations-Konzept. Denn Wissen ohne Ordnung ist wie Hausrat
auf dem Leiterwagen.*

… gleich der Arbeit eines Skippers

Sind Sie sich bewusst, dass wir bis jetzt in unserem konzeptionellen Aufbau noch nichts weiter gemacht haben, als ein paar Fingerübungen zur Situationsanalyse.

Wieso ist die Situationsanalyse so wichtig? Stellen Sie sich doch einmal vor, Sie sind Skipper, irgendwo im Mittelmeer unterwegs. Sie haben ein feines Boot unterm Hintern, mit zwei Mal 750 PS.

Kein Kapitän würde als erstes sein Ziel festlegen, zum Beispiel den Leuchtturm von St. Tropez.

Was tut er als erstes? Er zeichnet Längengrad und Breitengrad ein und legt zuallererst seinen Standort fest. Er bezieht Windgeschwindigkeit, Sturmwarnungen und den eigenen Spritvorrat in die Festlegungen ein.

Zielorientiertes Vorgehen

Erst dann legt er unter Berücksichtigung aller Standortfaktoren seinen Zielhafen fest.

Wenn Sie genau wissen, wo Ihr Standort ist, und zwar das Umfeld, den Markt, Ihre Mitbewerber und das eigene Unternehmen kennen, dann können Sie im zweiten Schritt sagen: «So, jetzt will ich Ziele festlegen.»

In Deutschland betreiben nur 5% aller mittelständischen Unternehmen strategische Planung. Strategische Planung heisst: Zielorientiert vorgehen, also «Management by objectives»! Die 5%, die das tun, machen 46% höhere Gewinne – sie können's nicht verhindern. Das ist für sie fast ein Abfallprodukt, es kommt von alleine. Viele der anderen 95% sagen sich: «Jetzt schau'n wir mal, wer heut' denn alles kommt.» Und es wird schon niemand kommen: «The world is what you think it is!»

Das Planungshaus

Jetzt komme ich dazu, das eben Erarbeitete in einen grösseren Zusammenhang zu stellen. Ich habe das Ganze in ein Haus eingebaut.

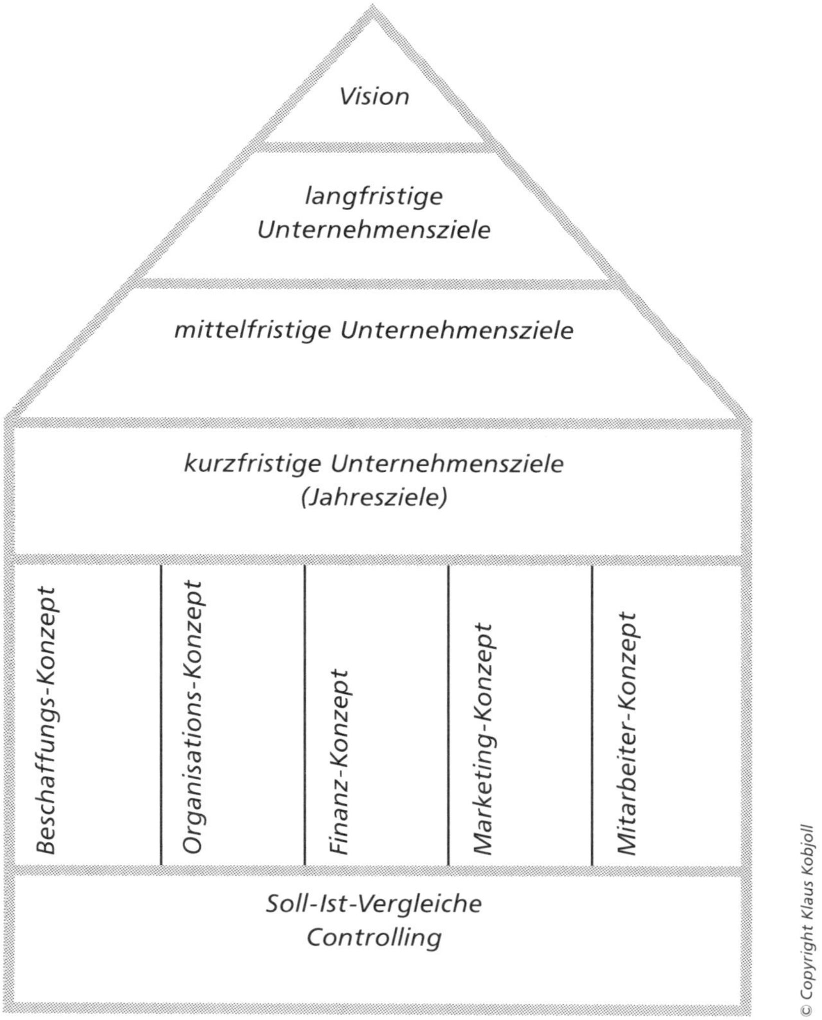

Das Haus besteht aus zwei Teilen, und die obere Hälfte betrifft den Bereich der strategischen Planung. Da sehen Sie die lang-, mittel- und die kurzfristigen Ziele.

Ich verzichte darauf, auf das Mission-Statement einzugehen, also auf die Frage, wie ein Unternehmensleitbild entsteht und was es bewirkt.

Mich interessiert heute vor allem der Bereich der kurzfristigen Unternehmensplanung und nicht die Frage, wie ich mit Hilfe eines Unternehmensleitbildes die Welt des Einzelnen mit der Welt meines Unternehmens verbinde, um zu begeisterten, hochidentifizierten Mitarbeitern zu kommen.

Deshalb hake ich jetzt direkt in die kurzfristigen Unternehmensziele ein. Wenn wir uns in geschäftlich schwierigen Zeiten befinden, dann nutzt es Ihnen zu wenig, wenn ich auf der philosophischen Ebene über Wertvorstellungen, Verhaltensnormen, Unternehmenszweck und langfristige Ziele rede.

Marketing-Revolution

Der obere Teil der strategischen Planung ruht auf den Säulen ganzheitlichen Marketings. Marketing hat sich in den letzten Jahrzehnten unheimlich verändert. Als ein Henry Ford in den zwanziger Jahren Autos produzierte, war er der einzige. Da gab es auch noch keinen Autoprospekt; brauchte es gar nicht, denn jeder Amerikaner wusste, ich kann die Tin Lizzy in jeder Farbe bestellen, solange die Farbe schwarz ist. Marketing war nur produktorientiert. Das genügte damals vollauf.

Dann kommt der erste Mitbewerber, und es kamen noch weitere. Marketing entwickelte sich weiter von der Produkt- zur Qualitätsorientierung. Jetzt musste Old Henry schauen, dass seine Autos besser waren als die der Konkurrenz; und nun gab es seine Autos auch schon elfenbeinfarben.

Dann kamen die fünfziger Jahre, in den USA die Zeit der gesättigten Märkte: Vor jedem Haus stand ein Auto. Also musste sich Marketing noch einmal weiterentwickeln zur Vertriebsorientierung. Jetzt sind die Verkäufer alle losgezogen wie die Treppen-Terrier und haben versucht, jedem noch ein zweites Auto vor die Türe zu stellen.

Bei uns spielte sich das eher in den sechziger Jahren ab, als die Vertreter den Hausfrauen den Staubsauger und die Küchen-Mix-Maschine an der Haustüre verkauften.

Marketing hat sich aber noch einmal weiterentwickelt, und man spricht heute von ganzheitlichem Marketing.

Ganzheitliches Marketing heisst nichts anderes, als dass wir wissen, dass es natürlich noch ein kompromisslos kundenorientiertes Marketing-Konzept gibt, in dem die Instrumente Verkauf und Werbung immer noch eine Rolle spielen. Weil aber Produkte meist austauschbar sind, muss ich schauen, dass ich aus der Vergleichbarkeit herauskomme.

Das Geheimnis des Unternehmenserfolges: Der Mensch

Und nun bin ich bei einer weiteren Säule: Dem Mitarbeiter-Konzept.

Jeder von uns hat schon einmal in einem Luxus-Hotel eingecheckt, und in dem Moment, wo Sie mit zwei Koffern an die Tür kommen, ist der Portier gerade unheimlich beschäftigt mit Putzen, und Sie müssen mit der Schulter rein. Je näher Sie an die Rezeption kommen, um so tiefer tauchen die Köpfe der RezeptionistInnen in ihre PCs hinein, und Sie müssen sich dreimal räuspern, bis Sie zur Kenntnis genommen werden. Da nutzt der ganze Luxus rundherum nichts mehr – einen solchen Laden betreten Sie genau dreimal: das erste, das einzige und das letzte Mal.

Heute entscheiden die Menschen über den Unternehmenserfolg und nicht mehr die Produkte. Sonst gäbe es uns kleine Mittelständler ja gar nicht mehr, weil wir überhaupt keine Chance haben, gegen die

Totengräber unserer und anderer Branchen anzugehen, die nur ihr grosses Vermögen, welches sie in einer ganz anderen Branche verdient haben, an der Erbschaftsteuer vorbei in ein Hotel oder in einen anderen mittleren Betrieb investieren.

Wenn Produkte oder Sachleistungen, also Hardware, die entscheidenden Kriterien wären, dann gäbe es meinen Schindlerhof schon lange nicht mehr. Ich führe den Wettbewerb praktisch ausschliesslich über die Software. Ich mache meine Gäste süchtig über die Herzlichkeit meiner Mitarbeiter, und dazu braucht man kein Milliardenvermögen.

Hausrat auf dem Leiterwagen

Dieses Führungs-, dieses Mitarbeiter-Konzept braucht natürlich Unterstützung durch ein Organisations-Konzept. Und damit wären wir bei der dritten Säule. Soft-Management, demokratischer Führungsstil, Loslassen im Unternehmen ist alles natürlich nur möglich, wenn ich weiss, es geschieht sinnvoll weiter, wenn ich selber loslasse. Wissen ohne Ordnung ist wie Hausrat auf einem Leiterwagen! Je besser Ihre Organisation ist, um so leichter können Sie in der Führung loslassen.

Die vierte Säule ist altbekannt: das Finanz-Konzept.

Als fünfte Säule haben Sie sich mit dem Beschaffungs-Konzept zu befassen. Was Herr Lopez da bei VW macht, wenn er sein Beschaffungskonzept in Gesprächen mit seinen Zulieferern der Marktattraktivität anpasst und die Preise dann nach unten gehen, das ist reines Marketing.

Es wird dann eben in Tschechien oder Polen produziert; damit ist der gesunkene erzielbare Preis wieder ausgeglichen – zumindest vorübergehend.

Auch wie Sie mit Ihren Banken umgehen, ist reines Marketing.

Jahreszielplanung

Hindernisse überwinden ist nach Schopenhauer der Vollgenuss des Daseins. Daraus folgt: Wenn der liebe Gott einen Unternehmer bestrafen will, dann schickt er ihm zehn Jahre lang gute Geschäfte.

Wer komplexe Zusammenhänge nicht in einfachen Worten wiedergeben kann, hat sie nicht begriffen.

Auch der Gewinn wird sorgfältig geplant. Die Energie des Geplanten verstärken wir mit Mental-Training unserer Führungskräfte. Was im Sport längst gang und gäbe ist, kann im Betrieb nicht schaden.

Eigendynamik beim Mitarbeiter kann nur entstehen, wenn im Unternehmen auch gegen innen volle Transparenz gelebt wird.

Warum denn immer gegen den Strom schwimmen? Es ist ja alles in Fluss; es ist ja wie im Ballett: Die Anstrengung ist irgendwo hinter den Kulissen.

Die für jeden Mitarbeiter transparente Umstellung auf Kostenmanagement in einer Krise ist eine Chance. Die Schönwetter-Mitarbeiter verabschieden sich von alleine; die Mitunternehmer mit Stehvermögen, die werden jetzt erst richtig «tough»!

90 % der Motivation von Mitarbeitern kommen aus klaren Zielen; die restlichen 10 % sind Puderzucker, den Sie verteilen.

Ich konzentriere mich im vorliegenden Buch nunmehr auf das Marketing-Konzept. Ich will Ihnen die Instrumente des Marketing-Konzeptes näherbringen, möchte Ihnen zeigen, dass man beispielsweise auf dem Instrument Preis eine Riesen-Klaviatur zur Verfügung hat und nicht immer nur Nachlässe geben muss. Ein ganz klein wenig werde ich auch in das Führungs-Konzept einsteigen, um zu zeigen: Wie komme ich weg aus der Vergleichbarkeit von Produkten hin zu einzigartigen Mitarbeitern?

Organisation, Beschaffung und Finanzen sind nicht Gegenstand dieses Buches und werden ausgeklammert.

Verbesserungspotential Mitarbeiter

Vergegenwärtigen Sie sich: Wir sind bei den kurzfristigen Unternehmenszielen mitten in der Planung. Einmal mehr zeige ich Ihnen anhand unseres Schindlerhofes auf, wie wir jedes Jahr die Budgets und qualitativen Ziele festlegen, einen Jahreszielplan erarbeiten.

Der Geschichte erster Schritt. Immer nach meinem Sommer-Urlaub schreibe ich einen Brief an alle Mitglieder unseres Ensembles und lasse sie wissen:

> ***«Es ist wieder soweit: Die Führungscrew bereitet sich auf die nächste Jahreszielplanung vor. Um dies sorgfältig tun zu können, benötigen wir aber Ihre Meinung, weil Sie die einzig kompetente Person sind für einen Verbesserungsvorschlag an Ihrem Arbeitsplatz.»***

Ich fordere alle Mitarbeiter auf, über ihren Arbeitsplatz nachzudenken und mir Ihre Verbesserungsvorschläge durchzugeben. Zusätzlich mache ich noch eine Mitarbeiterbefragung, einmal im Jahr und jeweils zu einem anderen Thema, um die Situationsanalyse zu ergänzen, um die Sicht der Mitarbeiter einzubauen.

Dazu kriegt jeder ein Verbesserungsvorschlags-Formular; dieses ist abgeleitet aus den Innovationslisten des Seminares «Unternehmer-

Energie» vom Josef-Schmidt-Colleg in Bayreuth. Fast alle meine fünfzig MitarbeiterInnen haben dort entweder das Seminar «Unternehmer-Energie» oder «Führungskräfte-Energie» besucht. Der Inhalt dieses Lehrwerks ist die Basis unserer strategischen Planung. Für mich war der Besuch dieses Seminars die beste Investition meines Lebens.

Der Aufbau dieses Formulares für Verbesserungsvorschläge ist dreiteilig.

Im ersten Drittel kann der Mitarbeiter meckern, sagen, was ihm nicht gefällt und seinen Problemzustand schildern.

Im zweiten Drittel möchte ich dann wissen, was denn sein Veränderungsvorschlag ist. Hier soll er oder sie den gewünschten Idealzustand beschreiben.

Weil aber eine Veränderung noch nicht zwangsläufig auch eine Verbesserung bewirkt, will ich im letzten Drittel wissen, wo denn die Verbesserung liegt. Hat es mit Zeitersparnis zu tun, mit dem persönlichen Wohlbefinden des Mitarbeiters oder geht es ums Geld? Er soll ankreuzen, wo die Verbesserung liegt.

Japans Marktvorteil durch Mitarbeiter-Kreativität

Ich zitiere Professor Simon noch ein zweites Mal. Im Manager-Magazin aus dem Februar 1993 verglich Simon das Verbesserungsvorschlagswesen in Deutschland mit dem japanischen. Dabei kam wunderbar heraus, wieso die japanische Wirtschaft in einigen Bereichen überlegen sein muss.

In Deutschland geben 100 Mitarbeiter in einem ganzen Jahr insgesamt 14 Verbesserungsvorschläge ab. Das sind in der Regel wichtige Vorschläge, grosse Vorschläge. Dafür gibt's DM 871,– Prämie im Durchschnitt für jeden einzelnen Vorschlag. Man sieht: Wir sind uns viel zu schade, über Kleinigkeiten nachzudenken!

Demgegenüber leben die Japaner ein Modell der permanenten Optimierung; die sind nie zufrieden. Immer wieder suchen sie, wo sie auch im kleinen noch verbessern können. In Japan nämlich geben 100 Mitarbeiter im Jahr 3235 Verbesserungsvorschläge ab. Für jeden gibt's im Schnitt nur DM 4,– Prämie, so klein sind die Vorschläge. Aber Kleinvieh macht eben auch Mist.

Am Ende steht bei uns zu Buche eine Netto-Ersparnis durch Verbesserungsvorschläge pro Mitarbeiter von DM 208,56, während in Japan pro Mitarbeiter allein aufgrund der Verbesserungsvorschläge sage und schreibe DM 5882,– jährlich eingespart werden können.

Umgesetzt auf die 50 Mitarbeiter in unserem Schindlerhof würde dies bedeuten, dass wir eine Viertelmillion nur über Verbesserungsvorschläge der Mitarbeiter einsparen könnten, würde es uns gelingen, hier eine japanische Mitarbeiter-Kultur zu leben.

Das ist wahres Lean-Management. Lean-Management heisst nicht Abbau von Arbeitsplätzen – höchstens dann, wenn Sie Mitarbeiter mit einer Vollkasko-Mentalität haben, die bei allen persönlichen Vorteilen der Meinung sind: Das steht mir zu!

Die unternehmerische Medaille hat halt nur zwei Seiten; die eine kann etwas mit schnellen Autos zu tun haben und die andere mit Gürtel-enger-Schnallen. Aber Vollkasko- und Besitzstandsdenken, das dürfen Sie natürlich nicht zulassen. Dann heisst Lean-Management schon auch einmal, einen solchen Mann mit angeklebtem Hintern vom Stuhl wegzuholen.

Wir im Schindlerhof sind leider nicht so gut wie die Japaner, aber ich habe immerhin von meinen Mitarbeitern im letzten Jahr auf eine Notiz plus «Follow up» hin 245 Verbesserungsvorschläge bekommen.

Für 1993 habe ich in der Mitarbeiter-Befragung gefragt nach der Motivation der Mitarbeiter, nach dem internen Informationsfluss. Public relations begins at home!

Ich habe auch gefragt nach der Gäste-Orientierung.

1994 fragte ich für den nächsten Jahreszielplan: «Wie stehen Sie zu unserem Unternehmensleitbild? Finden Sie unsere langfristigen Ziele immer noch richtig und gut? Was würden Sie hier verändern?»

«Wer kränkt, macht krank!»

Von der vorletzten Befragung erwähne ich noch einige Detailfragen.

Ich wollte wissen: «Was demotiviert Sie bei der Arbeit?» Das kann im persönlichen Umfeld liegen, in der Abteilung, bei Kollegen und Mitarbeitern, aber auch bei Vorgesetzten. Ich lasse von den Mitarbeitern auch die Vorgesetzten beurteilen, mich natürlich mit.

Der Hl. Augustinus (5. Jh. n. Chr.) sagte: «Wer kränkt, macht krank!»

Die Krankheiten der Mitarbeiter in unserem Unternehmen hängen ursächlich damit zusammen, wie mit Lob und Anerkennung umgegangen wird. Denn wenn man es permanent zulässt, dass ein Mitarbeiter gekränkt wird, dann braucht man sich nicht zu wundern, wenn die Krankheitsrate dementsprechend hoch ist.

Zählen Sie in Ihrem eigenen Betrieb einmal die Gesamtzahl der krankheitsbedingten Abwesenheiten Ihrer MitarbeiterInnen, und entscheiden Sie selber, ob es sich lohnt, den Ursachen auf diesem Weg nachzugehen, der Sie praktisch nichts kostet. Und denken Sie daran, dass die Versicherung des Lohnausfalles das Problem nur zum Teil aus der Welt schaffen kann. Die Arbeit steht in der Regel still, verlangsamt sich oder muss durch andere erledigt werden. Mit Lohnrückerstattung durch die Sozialversicherung allein wird nur ein Teil des Problems gelindert.

Kenntnis der Unternehmensphilosophie

Mit einer weiteren Frage wollte ich wissen: «Können Sie unsere Unternehmensphilosophie mit einem Satz beschreiben?»

Sie haben erst dann ein gutes Mission-Statement, wenn Sie es Ihren Freunden beim Skat oder beim Bier mit einem Satz erklären können. Das können mittlerweile im Schindlerhof alle:

> ***«Freizeitähnliches Arbeiten bei höchsten Entscheidungsspielräumen in einem Team, das sich sehr freundschaftlich verbunden ist.»***

Sie erkennen darin drei Kernaussagen:

> ***Freude:***
> ***Spass an der Arbeit, Leistungslust, freizeitähnlich gestaltete Arbeit***
>
> ***Freiheit:***
> ***niemanden fragen müssen, höchste Entscheidungsspielräume, Fehlerfreudigkeit (nicht zu verwechseln mit Fehlerhäufigkeit)***
>
> ***Harmonie:***
> ***abteilungsübergreifende Kooperation, «Management by love»***

Sie sehen: Drei Kernaussagen, ein Satz – die Unternehmensphilosophie! Lassen Sie sich nicht täuschen – gelebte Philosophie, echte Philosophie ist nichts Kompliziertes. Als ich im Juni 1995 für ein Seminar in der Schweiz weilte, hörte ich am Radio Teile einer «Talk-Show». Da war ein Basler Arzt, Dr. Chapuis, zu Gast, und die Talk-Masterin zeigte sich erstaunt über die Klarheit und Einfachheit von dessen Sprache. Dieser Dr. Chapuis führte dies auf eine seiner LehrmeisterInnen zurück, die gesagt haben soll: «Wer komplexe Zusammenhänge nicht in einfachen Worten wiedergeben kann, hat sie nicht begriffen.»

Dann haben wir in der Mitarbeiterbefragung eine ganz tapfere Frage gestellt, die wir uns vorher im Führungsteam lange überlegten: «Würden Sie sich eine Änderung im Führungsstil Ihres Vorgesetzten wünschen?»

«Werden bei uns Beurteilungsgespräche wirklich regelmässig geführt?», wollte ich ausserdem noch wissen.

«Wie sind Sie mit der Kommunikation im Hause zufrieden? Wie kundenorientiert sind wir? Was könnten die Gäste bemängeln?»

Die letzte Frage, Nr. 27, lautete: «Wenn Sie die alleinige Entscheidungsbefugnis hätten, welche Massnahmen würden Sie konkret ergreifen, um die drei Bereiche 'Motivation der Mitarbeiter', 'Informationsfluss' und 'Kundenorientierung' zu verbessern?»

Entwerfen Sie Ihre eigenen Fragen dazu, die auf Ihren Betrieb ausgerichtet sind. Nutzen Sie auch dieses Potential Ihrer Mitarbeiter. Sie werden in zweierlei Hinsicht davon profitieren. Zum einen erhalten Sie Vorschläge von wirklichen Fachleuten in den einzelnen Betriebsbereichen, von denen mit Bestimmtheit ein Teil im Interesse des Unternehmens umgesetzt werden kann. Zum anderen zeigen Sie dem einzelnen Mitarbeiter und der einzelnen Mitarbeiterin, dass Sie ernst genommen werden, indem Sie sie in Entscheidprozesse, in die Planung miteinbeziehen. Und diese Mitarbeiter sind allemal motivierter als solche, die nichts anderes tun, als Arbeiten so zu erledigen, wie sie von anderen vorgegeben worden sind.

Der Unternehmenskopf geht in Klausur

Nun der Geschichte zweiter Schritt: Ich lade meine fünf AbteilungsleiterInnen ein, zusammen mit meiner Frau und mir zu verreisen. Dies geschieht jedes Jahr einmal, immer im November und immer vier Tage, immer ins Ausland und immer in gute Häuser, wo wir auch noch was lernen können (also Stichworte «Bench-Marking», «Sparring-Partner»). Zweck dieser vier Tage ist es, den Jahreszielplan mit allen Zielen für das folgende Jahr zu erarbeiten und festzulegen.

Letztes Jahr waren wir vom 12. bis 16. November im Hotel Albana in Silvaplana im schweizerischen Engadin, also auf dem Dach Europas.

Baggage für die Jahreszielplan-Tagung

Um aber überhaupt einen Jahreszielplan in dieser kurzen Zeit fertigzukriegen, müssen sich unsere AbteilungsleiterInnen sehr sorgfältig auf diese Planungstage vorbereiten. Alle bringen die Umsatzberechnungen der Abteilungen für das neue Jahr auf der Grundlage der heuer erreichten Zahlen und unter Berücksichtigung von Preiserhöhungen und echtem Zuwachs mit, wobei der Zuwachs begründet werden muss.

Jeder bringt mit die Investitionswünsche seiner Abteilung nach vorheriger Rücksprache mit allen Teammitgliedern. Und genau so, wie jeder Mitarbeiter die einzig kompetente Person ist für einen Verbesserungsvorschlag, so ist der Mitarbeiter auch die einzig kompetente Person für die Beurteilung der Notwendigkeit oder der Wünschbarkeit von Investitionen; der weiss doch viel mehr, was da vorne gebraucht wird, als der Chef.

Es bringt jeder seinen Ideenspeicher mit. Wir sammeln alle in der Führungscrew das ganze Jahr hindurch Ideen für den jeweils nächsten Jahreszielplan; das ist ja auch der Grund, wieso wir immer wieder Trend-Reisen machen, um zu sehen: Wo schlägt der Puls der Zeit?

Natürlich bringt jeder seine Verbesserungsvorschläge mit, sowohl seine eigenen als auch die aus dem Team, bereits deutlich in Blockschrift auf Metaplan-Kärtchen geschrieben.

Ich erinnere meine Führungskräfte so zwei Monate vor der Tagung nochmals daran, dass es allerhöchste Zeit ist, den alten Jahreszielplan noch einmal sorgfältig zu studieren, abzuhaken, was erledigt worden ist, festzustellen, was vergessen wurde, was hiervon bis Ende des Jahres noch nachgeholt werden kann und was nicht mehr zu realisieren sein wird. Letzteres wird dann in den neuen Jahreszielplan übertragen und im zweiten Anlauf erledigt.

Dann arbeiten wir die ersten drei Tage sehr hart und lang; am Abend des dritten Tages gibt's eine Feier.

Ab ins Unterbewusstsein

Und am vierten Tag sind wir dann per Helikopter auf einen Viertausender geflogen und haben dort die wichtigsten Bestandteile des Jahreszielplanes, aber auch jeder seine ganz persönlichen Ziele, im Rahmen einer geführten Meditation im Unterbewusstsein deponiert und fest programmiert. Imagination der Lösungszukunft durch Mental-Training!

Als unser Wasmeier in Lillehammer seine Goldmedaille abgeholt hat, da ist er vorher die Strecke längst im Kopf abgefahren, und (was noch viel wichtiger ist) er stand vorher bereits auf der Treppe, ganz oben in der Mitte – er konnte es sich vorstellen! Er musste es nachher nur noch in die Tat umsetzen, das war alles.

Alles, was Sie sich vorstellen können, können Sie erreichen. Dieser Satz ist von Richard Bach, dem Autor des Buches «Die Möve Jonathan». Sie kennen alle diesen Kultfilm mit der Musik von Neil Diamond; das ist für mich nach wie vor der beste Management-Film überhaupt, denn er zeigt wunderschön, wie alles, was visualisierbar ist, auch verwirklicht werden kann. «The world is what you think it is.»

Ein Geschäftsfreund von mir, Dr. Struntz, hat eine der grössten Internisten-Praxen Deutschlands in der Nähe von Nürnberg. Ab und zu jettet er am Wochenende nach Texas, um dort 1000 km Fahrrad zu fahren. Am Montag ist er wieder in seiner Praxis. Er sagt dann zwar, es tue ihm der Hintern weh, weil er es so selten macht, doch er sagte kürzlich auch zu mir: «Weisst Du, ich kann eigentlich gar nicht Fahrrad fahren – 'ES' fährt.»

Vielleicht haben ihn einige von Ihnen letztes Jahr im Fernsehen gesehen; da hat er am Marathonlauf in Roth teilgenommen, 42 km bekanntlich; da gingen viele hin, aber keiner wie Dr. Struntz: nämlich mit gebrochenem Schienbein. Er fiel tags zuvor vom Rad; aber er sagte, ich kann trotzdem mitlaufen, denn ich lauf ja nicht: «ES» läuft.

Der Mann ist nicht nur Internist, sondern er hat auch Tiefenpsychologie studiert bei einer C. G. Jung-Schülerin. Und er hat in einem seiner Seminare erzählt, wie diese Frau Professorin den Studenten rübergebracht hat, wie gross unser Unterbewusstsein ist im Vergleich zu unserem Bewusstsein.

Die Frau hat ihre Studenten an ihren riesengrossen Schreibtisch gebeten, 1 x 3 m; dann hat sie eine Stecknadel in die Hand genommen, hat einmal in die Schreibtischplatte hinein gepiekst und gesagt: «Das ist es, Ihr Bewusstsein, auf das Sie so stolz sind, und der Rest der Schreibtischplatte ist Ihr Unterbewusststein.»

Nutzen Sie die Schreibtischfläche

Was im Sport längst gang und gäbe ist, das kann man doch auch für den eigenen Betrieb nutzen. Beziehen Sie das Unterbewusstsein mit ein, haben Sie keine Angst vor Mental-Training im Unternehmen. Was für Spitzensportler gut ist, das kann für das eigene Unternehmen nicht schlecht sein; und wenn Sie dabei einer scheel anschauen will, dann können Sie mit gutem Grund darauf hinweisen, dass vor bald einem Jahrzehnt schon die Schweizer Eiskunstlauf-Weltmeisterin Denise Bielmann die Hilfe einer Meisterin des positiven Denkens, von Margaretha Friebe, erfolgreich in Anspruch genommen hat.

Wir machen das in unserem Unternehmen seit vielleicht zwei bis drei Jahren, und ich kann Ihnen sagen, es funktioniert phantastisch. Ich selber und unsere wichtigsten MitunternehmerInnen haben auch hier zuerst wieder Seminare besucht, damit wir jederzeit in der Lage sind, dieses kleine Türchen in uns selber zu öffnen, in das Unterbewusstsein einzudringen und dort zu programmieren, alte Programme aufzulösen, neue anzulegen – jeder von Ihnen kann das.

Wir programmieren uns nämlich alle selbst. Sie wissen, wenn Sie sich mal ein neues Auto gekauft haben, in einer seltenen Farbe, zweitüriges Sondermodell, da sehen Sie am ersten Tag, an dem Sie mit Ihrer neuen Kiste in die Stadt fahren, Ihr seltenes Auto an fast jeder Strassenecke; wieso? Weil Sie jetzt programmiert sind auf dieses neue

Modell mit der neuen Farbe; Sie haben die gleichen Modelle eine Woche vorher noch alle nicht gesehen. Und hier ist es eben ähnlich.

Drehbuch der Jahreszielplan-Tagung

Wie läuft so eine Jahreszielplan-Tagung ab?

Da prangte letzten Herbst ein Schild am Eingang zum Tagungsraum: «Herzlich willkommen zum 11. Jahreszielplan-Meeting.» Ich kann heute sagen, Umsatz ist eine planbare Leistung, weil ich's seit 11 Jahren mache. Wir hatten wirklich nur Abweichungen – vom Rezessions-Knick mal abgesehen – von plus/minus Nullkomma...

Unser Arbeitsstil ist die Interaktion, also die moderierte Besprechung, offener Halbkreis. Wir brauchen viele Pinnwände, Packpapier, Moderations-Material und ausgebildete Moderatoren. Bei uns im Haus sind inzwischen drei MitarbeiterInnen ausgebildete Moderatoren.

Und die brauchen wir, weil bei uns alle Besprechungen auch das Jahr hindurch in moderierter Form stattfinden. So können Sie die komplexesten Probleme in einer guten Stunde analysieren und lösen, dank Kreativ-Techniken wie «Brain-Writing» statt «Brain-Storming», Ein-Punkt-Abfragen und Mehr-Punkt-Abfragen. Ich kann mir einen anderen Besprechungsstil nicht mehr vorstellen.

Vor jedem liegt seine Stoffsammlung, die er das Jahr hindurch zusammengetragen hat, und vor jedem liegt selbstverständlich sein Zeitplanbuch.

Beginn mit der Umsatzplanung

Das erste, das wir nun machen: Wir planen den Umsatz des kommenden Jahres.

Vom Umsatz ausgehend werden dann alle anderen quantitativen Ziele heruntergebrochen bis zum Gewinn. Auch der Gewinn wird nicht dem Zufall überlassen – er wird sorgfältig geplant.

Wir planen die Umsätze abteilungsweise. In unserem à-la-carte-Restaurant mit 100 Plätzen haben wir 1993 einen Umsatz von DM 3,8 Mio. geplant, ohne Bankette. Da wir immer im November wegfahren, habe ich die echten Vergleichszahlen erst bis zum Oktober; die beiden letzten Monate des Jahres werden geschätzt, aber sehr exakt, weil zeitnah.

Jetzt sehe ich anhand der Zahlen, ich komme nur auf DM 3,5 Mio. Wir hatten also DM 300 000,– Abweichung nach unten, aber wir wussten, warum (ich komme darauf zurück).

Das folgende Jahr wurde nun aufgebaut auf den tatsächlich erreichten Umsätzen des Vorjahres.

Armut – arm an Mut

Das nächste, was auf den so erhaltenen Umsatz draufkommt, ist die Preissteigerung. Wer sich in den letzten zwei Jahren mit Kollegen unterhalten hat – dies hat sich heuer noch nicht gross geändert und ist auch eine Krankheit in anderen Branchen –, der hat gemerkt, dass sich kaum einer getraute, Preiserhöhungen durchzuziehen, obwohl es da draussen eine Inflation gibt; obwohl unsere Lieferanten diesen Inflationsausgleich von uns fordern.

Das Wort «Armut» besteht aus zwei Teilen: Arm an Mut! Wir verwenden das Wort nur häufig falsch; es hat immer so einen mitleidigen Beigeschmack.

Wir waren im 1.Quartal auch arm an Mut und haben die Preise eingefroren.

Das haben wir aber dann bei unseren Kontoauszügen, beim «Management by Bankauszug» sehr schnell gespürt. Und so haben wir ab April 1993 Preiserhöhungen durchgesetzt – Gott sei Dank! Natürlich müssen wir alle in rezessiven Zeiten sensibler mit Preiserhöhungen umgehen als in fetten Zeiten.

Nun wird der echte Zuwachs geplant. Und zwar wird der nicht geschätzt, sondern er wird belegt. Ich will wissen, mit welchen Marketing-Instrumenten die Abteilung arbeiten will, um diesen echten Zuwachs zu erreichen. Macht sie «special events», verstärkt sie die Öffentlichkeitsarbeit, führt sie neue Dienstleistungen ein oder kreiert sie neue Sachleistungen?

Und dann steht in der letzten Spalte der so errechnete Umsatz für das nächste Jahr.

Haus-Statistik: Auspressen bis zu den Säften

Nach diesem Muster legen wir nun Abteilung für Abteilung den Umsatz fürs folgende Jahr fest. Ich erwähne hier nur noch unsere Tagungsabteilung, weil die bei uns am akribischsten plant. Wir hatten im Rezessionsjahr 1993 im Tagungsbereich immer noch eine Auslastung von über 80% und eine Abweichung zwischen Planung und erreichten Zahlen von Null.

Warum? Die Leiterin der Tagungsabteilung plant so genau, dass sie ausgerechnet hat, wie viele Personen im Durchschnitt auf eine Tagung kommen, wie viele Tassen Kaffee einer pro Tag trinkt, wie viele Kopien an einem Tagungstag verkauft werden, wie viele Telefoneinheiten anfallen, wie viele frisch gepresste Säfte sich verkaufen lassen – so genau, dass sie in der hintersten Kolonne auf die Mark sagen konnte: «Wir machen 446 409,– Mark Umsatz.» Umsatz als planbare Leistung.

Aktives Marketing

Selbstverständlich können Sie nach erfolgter Planung nicht zurücklehnen und warten, bis das geplante Jahr zu Ende ist. Das gesteckte Ziel bedingt, dass Sie wach bleiben und in der Umsetzung alles für dieses Ziel tun. Wenn die Tagungsabteilungsleiterin in einem Monat plötzlich sieht: «Verdammt, mir fehlen da noch drei oder vier Tagungen», dann muss eben aktives Marketing betrieben werden. Dann muss sie halt einmal Trainer anrufen oder in eine Firma reingehen oder mich anhauen und fragen, ob ich nicht noch an einem Wochenende wieder einmal offene Seminarien machen könnte, damit sie ihr Ziel erreicht.

Wenn nun im Hotelbereich die Ziele nicht erreicht werden – und die Mädchen haben dies jeden Tag vor Augen –, dann wird um 11.00 Uhr abends vielleicht die Konkurrenz angerufen und gefragt: «Seid Ihr ausgebucht? Gott sei Dank seid Ihr ausgebucht; wenn's mal noch einen «walk-in» gibt, dann schick ihn zu mir!» Das würde doch keine Rezeptionistin machen, wenn sie nicht weiss, was heute von ihr an Umsatz erwartet wird, einen Umsatz, den sie selber geplant hat! Ich drücke schliesslich niemandem diese Umsätze aufs Auge; ich moderiere nur.

Eigendynamik kann nur entstehen, wenn der betreffende Mitarbeiter weiss: «Ich will heute 52 Zimmer verkaufen – verdammt, ich hab' erst 49!» Jetzt wird angerufen, wird gesucht, wo noch was geht. Das ist aktives Marketing.

Planen wie ein Architekt

Leider ist das Wort «Planung» in unserer Gesellschaft immer noch etwas mit einem schlechten Beigeschmack behaftet; wir denken gleich an Planwirtschaft. Planen müssen Sie so verstehen, wie's der Architekt macht. Kein Haus würde stehen, wenn der Architekt nicht sauber geplant hätte.

Und wie geht er vor? Stellen Sie sich Herrn Jahn vor, der in Chicago die höchsten Häuser baut; erst hat der eine Vision im Kopf. Im Duden steht unter Vision: «Erscheinung, Traumbild, Zukunftsentwurf.» Dann tut er so, als sei das Haus bereits fertig; er baut nämlich ein Modell. Und das Modell kann er schon von allen Seiten anschauen, es ist sogar ein haptisches Vergnügen.

Vom End-Zustandsmodell, als wenn es schon fertig wäre, geht er jetzt rückwärts und macht Hundertstelpläne und Ausführungspläne bis zur Steckdose in der Wand.

Genauso gehen wir vor. Sie müssen selber klären, ob Ihre persönliche Vision zu der des Unternehmens passt; die des Unternehmens wird Ihnen anhand des Leitbilds nähergebracht. Dann gibt's lang-, mittel- und kurzfristige Ziele, wobei sich die letzteren an den langfristigen orientieren.

Investitionen nach den eigenen Möglichkeiten

Wenn wir wissen, wieviel Geld wir voraussichtlich in der Kasse haben, dann diskutieren wir gemeinsam über Investitionen, und zwar auf der Grundlage dessen, was jeder Abteilungsleiter schon zu Hause mit seinen Teammitgliedern vorbesprochen hat.

Alle gewünschten Investitionen werden im Sinne einer ABC-Analyse nach Wichtigkeit und Dringlichkeit eingestuft. Und dann gibt es Spielregeln für die Umsetzung:

> ***Priorität A:***
> ***Das ist sowohl sehr wichtig als auch äusserst dringend und wird in jedem Fall im ersten Halbjahr des kommenden Jahres durchgeführt.***
>
> ***Priorität B:***
> ***Diese Wünsche sind nicht so lebensnotwendig, und sie werden deshalb nur unter einer Voraussetzung in der zweiten Jahreshälfte realisiert: wenn die erreichten Umsätze mit unserer Planung übereinstimmen.***
>
> ***Priorität C:***
> ***All das wird gleich durchgestrichen – können wir uns nicht leisten!***

Dann schauen wir die Verbesserungsvorschläge à la Mitarbeiter an; letztes Mal waren dies 245 an der Zahl. Jeder Vorschlag steht auf einem kleinen Kärtchen. Jeder wird einzeln diskutiert. Was angenommen wird, erhält einen Klebepunkt. Was besonders wichtig ist, kriegt zwei Klebepunkte; und wo kein Punkt drauf ist, da kann der Mitarbeiter nachher dem Jahreszielplan entnehmen: «Mein Vorschlag konnte leider nicht angenommen werden.» Die Führungskräfte können ihm dann erklären, warum, damit er nicht die Lust verliert und auch in Zukunft weiterhin über seinen Arbeitsplatz nachdenkt.

Projektmanagement – Planung mit Blick auf die konkrete Ausführung

Dies ist etwas vom Wichtigsten. Bezogen auf unseren konzeptionellen Aufbau kommen wir jetzt langsam zu den Mitteln, den Massnahmen, zum Zeitfaktor – letztendlich zur Aktion! Wenn wir uns jetzt beispielsweise entschieden haben: «Jawohl, wir machen eine neue Image-Broschüre», dann legen wir zuerst fest, welche Mittel wir für die Image-Broschüre brauchen.

Im konkreten Beispiel haben wir DM 80 000,– und eine Agentur bereitgestellt.

Wir fragen weiter: «Welche Massnahmen müssen wir ergreifen?» Drucker-Angebote einholen, die Angebote vergleichen, einen Fotografen bestellen, Fotos machen (dort haben wir aufs Wetter Rücksicht zu nehmen) und so weiter.

Das alles listen wir sauber auf. Und jetzt kommt das Wichtigste: Hinter jeder Massnahme wird aufgeführt, welcher Mitarbeiter den einzelnen Schritt bis wann erledigt. Die ganze Planung ist wertlos ohne dieses Projektmanagement, weil sich sonst im Verlaufe des Jahres keiner festnageln liesse.

Controlling by Azubis

So, wie beim Umsatz die Führungskräfte selber planen, so entscheiden auch bei den Massnahmen unsere AbteilungsleiterInnen, was bis wann von wem erledigt wird. Wenn sie etwas im Dezember erledigen wollen, dann erledigen sie es halt erst im Dezember. Wenn es bis dann aber nicht erledigt ist, dann hat jeder Auszubildende seinen

Spass daran, den Betreffenden zu fragen, ob er oder sie wirklich Führungskraft sei: «Ist da – bitteschön – nicht noch etwas offen? Da steht doch Ihr Name hintendran …?»

Die Azubis brauchen schliesslich nur im Jahreszielplan nachzusehen, den jedes einzelne Teammitglied besitzt – fraglos, dass sie dies auch gerne tun.

Eine solche Eigendynamik bis hin zu den Azubis kann nur entstehen, wenn Sie vorher ihre Mitspieler schriftlich «festgenagelt» haben und dann auch in der Umsetzung konsequent sind.

Positionierung

Weiter wird im Jahreszielplan die aktuelle Grob-Positionierung erklärt, aber nicht nur diejenige gegenüber den Mitbewerbern; auch die Fein-Positionierung gegenüber den Kunden wird jedes Jahr überarbeitet, immer ausgehend vom Kundennutzen.

Gegenüber Ihren Kunden können Sie sich auf dreierlei Art positionieren (von ihnen wahrgenommen werden):

1. durch «sachliche Leistungsmerkmale»

REWE – «Der Frischmarkt». Die Supermärkte der REWE wollen bei den Kunden über die Frische des Angebots wahrgenommen werden. Das muss natürlich zur Folge haben, dass es zur Spargelzeit mehrere Sorten einheimischer Spargel im Angebot geben muss und nicht nur eine Sorte aus Griechenland. Sonst wäre die Positionierung lediglich ein Slogan, Worte ohne Leben.

2. durch «emotionale Leistungsmerkmale»

«Feel the night!» Ganzseitige Anzeigen mit einer verrauchten Kneipenszene und einem Jazz-Pianisten. Daneben ganz klein: «Heineken – what a wonderful beer.»

3. durch eine «Mischung zwischen sachlichen und emotionalen Leistungsmerkmalen»

Über den Zusatz «Schlosshotel» nehmen Sie einerseits knarrende Flure und im Nebel wehende Vorhänge, aber auch Badewannen wahr, die eine halbe Stunde brauchen, bis sie vollgelaufen sind (weil die Haustechnik nicht vom Neuesten ist).

Kundennutzen als Ausgangspunkt

Wir haben im Schindlerhof früher viel experimentiert mit Aussagen zur Positionierung. Zum Teil arbeiteten wir mit Analogien und fragten: «Was wäre denn die Tagungsabteilung, wenn's eine Blume wäre?» Es wäre eine Sonnenblume – Ökologie am Bau, gesunde Ernährung, Mineralfarben, reinwollige Stoffbezüge, Beduftung durch reine ätherische Öle usw.

Ich meine heute, dass es nur eine Art gibt, sich zu positionieren: indem Sie vom Kundennutzen her kommen! Fragen Sie, welchen Nutzen Sie Ihrem Kunden bieten. Dann haben Sie den richtigen Blickwinkel, um Ihre Positionierung festzulegen.

Ich zeige Ihnen auf, welche Veränderungen diese Erkenntnisse bei uns gebracht haben:

Unser Tagungszentrum sollte so wahrgenommen werden, dass «bei uns die Meinungsmacher ein- und ausgehen».

Jetzt ist diese Positionierung überarbeitet worden und heisst neu:

> ***«Persönliche Betreuung in einem einzigartigen, ganzheitlichen, den Lernerfolg unterstützenden Haus, aus dem Sie nach zwei Tagen mit den Ergebnissen nach Hause gehen, wofür Sie anderswo mindestens drei Tage bräuchten!»***

Diese Positionierung wird natürlich unterstützt durch «tragende Marketing-Ideen» wie einem Farb-, Musik- oder einem Duftkonzept, unterstützt durch gesunde Ernährung, eine liebevolle Betreuung usw. Sonst wäre es wiederum nur ein Slogan.

Und nun zum Hotel. Wir haben zum vornherein keine Chance, uns im Bereich der Hardware, also der Gebäude, zu positionieren. Unsere Positionierung lautete deshalb:

> ***«Viel Spass in fremden Betten.»***

Nun haben wir die Positionierung aufgrund unserer Erkenntnisse weiter verfeinert:

> ***«Sich wohl fühlen in Zimmern mit guter Schwingung, die von jungen Menschen mit positiver Ausstrahlung in Bewegung gehalten wird. Die liebevolle Betreuung führt zu einem starken Wohlbefinden bei unseren Gästen.»***

Im Restaurant heisst unsere Positionierung:

> ***«Das Charisma eines vierhundertjährigen Bauernhofes im Spannungsfeld zwischen neuem Design und bodenständiger Küche, betreut von herzlichen Gastgebern, die sich dazu berufen fühlen.»***

Eine Idee Theater

Jede Positionierung lebt durch «tragende Marketing-Ideen». Also dürfen wir keine Leute einstellen, die den Job nur des Geldes wegen ausführen, ohne Leidenschaft, ohne Liebe zum Beruf.

Unsere MitarbeiterInnen müssen sich schon berufen fühlen; wir wollen keine «Schlepp-und-weg-Kellner» auf unsere Gäste loslassen. Sie können sich sicher vorstellen, dass man ganz schön suchen muss, um die «herzlichsten Gastgeber» zu finden, die den Job aus Passion betreiben, die ihre Tätigkeit im Service als Durchgangsstation zu einer weiterführenden Karriere sehen.

Zum Abschluss noch zu unserer Tenne, zu unserer Bankettabteilung. Hier arbeiten wir stark mit den Instrumenten des Erlebnis-Marketings – analog zum Theater. Da gibt es eine Bühne; da sind Mitarbeiter als Schauspieler und Gäste als Schauspieler; es stehen Requisiten zur Verfügung, und es gibt eine Dramaturgie.

Im Gegensatz zu den klassischen Marketing-Instrumenten geht es hier nicht um einen harmonischen Mix, sondern nur um eines: Resonanz zu erzeugen. Und dazu braucht es oft nur sehr wenig.

Unsere Positionierung heisst deshalb:

> ***«Als Gast Mittelpunkt für einen Abend auf einer Bühne sein, wo Dramaturgie, Requisiten und Schauspieler zum allabendlichen Gelingen des Theaterstückes beitragen.»***

Alles ist in Fluss

Auf den nachstehenden Satz aus dem Text unseres Jahreszielplanes bin ich besonders stolz:

> ***«Durch diese unsere Leistungen fallen uns folgende Umsätze zu: DM 8 421 783,–.»***

Warum kämpfen und krampfen wir eigentlich immer, wir Deutschen, Schweizer und Österreicher? Ich glaube, es war Berthold Brecht, der einmal sagte: «Alles, was keinen Spass macht, nennt man Arbeit.» Dann gibt's noch dieses Sprichwort bei uns: «Wer gegen den Strom schwimmt, kommt schneller zur Quelle.» Diese germanische Mentalität verträgt sich schlecht mit energievollem und kreativem Unternehmertum.

Schauen wir einmal über den Teich. Da gibt es ein amerikanisches Kinderlied, das geht genau andersrum, und daran orientieren wir uns im Schindlerhof:

«Roll, roll, roll your boat gently d o w n (!) the stream; Merrily, Merrily, Merrily, Merrily, live ist but a dream.»

Warum denn immer gegen den Strom schwimmen? Es ist ja alles in Fluss, ist alles wie im Ballett: Die Anstrengung ist irgendwo hinter den Kulissen.

Wer krampft, verkrampft sich. Beim Sport ist dies jedem sofort klar: Wenn einer 100 m vor dem Ziel einen Krampf hat, dann kommt er gar nicht erst ins Ziel ...

Sehen Sie es locker! Gewinne zu machen ist kein primäres Unternehmensziel. Gewinne zu machen ist eine Folge unserer Zielsetzung, quasi ein Abfallprodukt.

Wenn Ihre Branche, Ihr Unternehmen in einer Krise ist, heisst es auch, unliebsame Entscheidungen treffen zu müssen. Sie können Ihre Mitarbeiter auch bei unliebsamen Entscheidungen positiv in Bewegung halten, wenn Sie alle Mitarbeiter darüber informieren, warum Sie es tun, wenn Sie es dann entsprechend formulieren, also auch Transparenz schaffen und jeden wissen lassen, worum es geht.

Effizienz

Man kann die Dinge geschwollen ausdrücken oder einfach. Es gibt eine strategische Effizienz und eine operative; da kann sich ein Praktiker nur schwer etwas darunter vorstellen. In Englisch lässt es sich auf den Punkt bringen:

«Are we doing the right things?», fragen wir uns abteilungsweise jedes Jahr. «Tun wir die richtigen Dinge? Ist unser Angebot im Restaurant zeitgemäss?» So schaut die Frage nach der strategischen Effizienz aus.

Wenn Sie das mit einem klaren Ja beantwortet haben, dann geht's ans Kleinkarierte. Vorher schrieben wir die Antworten auf grosse weisse Blätter, und jetzt nehmen wir das Papier mit den vielen kleinen Quadraten, den Häuschen hervor, und wir fragen uns:

«Are we doing the things right?», machen wir das, was wir für richtig erachtet haben, auch wirklich richtig?

Betriebswirtschaft auf den Punkt gebracht

Angenommen, Sie haben auch die zweite Frage wieder mit Ja beantwortet, dann darf Ihnen das noch nicht genug sein, denn Sie wollen ja gerade in rezessiven Zeiten die Effizienz in Ihrem Unternehmen steigern.

Und hier gibt es nur zwei Möglichkeiten. Betriebswirtschaft ist etwas sehr einfaches, es wird nur meist etwas kompliziert ausgedrückt. Sie müssen sich eigentlich nur drei Worte merken:

Umsatz ./. Kosten = Ertrag.

Die erste Möglichkeit der Effizienzsteigerung ist die, dass Sie die Kosten akzeptieren; Sie können sogar noch weitergehen und sich sagen: «Kinder, will jemand noch ein Cabriolet als Dienstwagen? Ist da jemand noch ohne Gehaltserhöhung?» Und trotzdem können wir die Effektivität steigern, indem wir den Umsatz steigern. Das ist die eine Möglichkeit; hier spricht man von Ertragsorientierung, also davon, mehr aus dem vorgegebenen Aufwand herauszuholen, die Umsatzschraube nach vorne zu drehen. Und das ging in den Jahren 1989, 1990, 1991 und 1992 auch wunderbar.

Wenn wir aber feststellen, dass diese Möglichkeit nicht funktioniert, dann greifen wir zur zweiten Möglichkeit, die aus der oben genannten Formel sofort ersichtlich ist: Dann kann ich doch nur die Kosten senken, um den Ertrag zu steigern; ich gehe also aufwandorientiert vor und versuche, die gleiche oder sogar eine bessere Wirkung durch weniger Aufwand zu erzielen.

Ehrlichkeit gegenüber den Mitarbeitern

Dass gerade in rezessiven Zeiten vielen Unternehmern eine Politik der Aufwandorientierung näherliegt, brauche ich nicht speziell zu betonen. Passen Sie aber auf, dass Sie nicht gedankenlos Ihre Mitarbeiter nur als Kostenfaktoren sehen. Aufwandorientierung ohne begleitende Transparenz gegenüber den Mitarbeitern führt zur Gefahr, dass die Motivation Ihrer Mitarbeiter zum Teufel geht, die Sie vorher mit soviel Aufwand und Liebe aufgebaut haben. Sie setzen gerade jene Motivation aufs Spiel, die Sie in schwierigen Zeiten erst recht nötig haben.

Bei uns im Haus ist im Rezessionsjahr 1993 jedem Mitarbeiter genau erklärt worden, welche Möglichkeiten es gibt und warum wir uns für Aufwandorientierung entscheiden mussten. Dann sinkt die Motivation auch in einer Krisenzeit nicht; im Gegenteil: die Mitunternehmer mit Stehvermögen, die werden jetzt erst richtig «tough»!

Schopenhauer sagte einmal: «Hindernisse überwinden, das ist der Vollgenuss des Daseins.» Ein Reinhold Messner freut sich doch, wenn der Berg ein wenig schwieriger und ein wenig höher ist. Nur der Schönwetter-Unternehmer, der kippt.

Wenn der liebe Gott einen Unternehmer strafen will, schickt er ihm 10 Jahre lang gute Geschäfte ...

Die unliebsamen Entscheidungen

Rezession ist aber auch eine gute Zeit, sich von Schönwetter-Mitarbeitern zu verabschieden. Denn wenn die erst einmal ihren exotischen Maracuja-Saft bezahlen sollen, den es vorher gratis gab, dann kündigen sie schon; ich hatte auch zwei solche.

Seit 1994 bezahlen meine Mitarbeiter auch einen kleinen Anteil an die Weiterbildungskosten. Bei uns absolvieren alle Führungskräfte zwischen sechs und acht Seminartage im Jahr. Die Weiterbildung findet immer in der Freizeit statt, also an Urlaubstagen. Bis 1993 hatte der Betrieb sämtliche Kosten übernommen, so gegen 100 000,– Mark im Jahr für mein kleines Team nur für externe Weiterbildung, denn ein gutes Seminar beim ZfU in Zürich oder bei Josef Schmidt in Bayreuth kostet halt 1000,– Mark pro Tag.

Ich kann aber nur Nutzen ernten, wenn ich vorher Nutzen biete. Deshalb kosten diese Seminare eigentlich nichts, weil der «Return on investment» sehr schnell erfolgt. Ein Seminar kostet im Grunde genommen erst dann etwas und ist sehr schnell teuer, wenn der Nutzen das Geld nicht kurzfristig zurückbringt, egal, was es gekostet hat.

Die Azubi-Generation, welche im September 1994 angefangen hatte, bekam keine Dienstwagen mehr, weil ich ganz einfach nur verteilen kann, was ich vorher eingenommen habe. Es gibt kein Besitzstandsdenken, jedenfalls bei uns nicht.

... mit gutem Beispiel voran ...

Der wichtigste Satz des Jahreszielplanes in diesem Zusammenhang heisst: «Das Kostenbewusstsein der Mitarbeiter wird permanent geschärft.»

Vor der Rezession war ein Kostenbewusstsein bei uns gar nicht vorhanden; wir wussten nicht einmal, wie man das Wort schreibt.

Sie können das Kostenbewusstsein aber nur auf eine einzige Art wirklich und effizient schärfen: durch das Vorleben der Führungskräfte.

Das hat man an gewissen Orten bereits in der Politik begriffen, auch wenn die konkreten Beispiele so häufig leider noch nicht sind. Doch schauen wir wieder einmal zur Schweiz hinüber. Da hatten doch unsere Zürcher Freunde kaum mehr Möglichkeiten, Steuern zu erhöhen, also die Erträge zu steigern. So war eine rot-grüne Zürcher Stadtregierung plötzlich gezwungen, sich voll auf Aufwand-Orientierung umzustellen. Es versteht sich, dass da die Löhne der städtischen Angestellten und der Beamten ins Visier geraten mussten – Stichworte «Einfrieren der Löhne» und «Verzicht auf Teuerungsausgleich». Das ist natürlich eine heikle Angelegenheit, wenn man bedenkt, dass die Beamten auch in Zürich gewerkschaftlich gut organisiert sind und solche Massnahmen in der exotischen Demokratie unserer Schweizer Freunde auch noch die Volksabstimmung passieren müssen.

Die Regierungsmitglieder nahmen sich von der vorgeschlagenen Lohnmassnahme nicht aus und verzichteten offensiv auch noch auf weitere geldwerte Vorteile. Und was geschah? Die Gewerkschaften beschränkten sich auf einige symbolische Demonstrationen, und die Vorlage ging in der Volksabstimmung schlank durch. So etwas wäre undenkbar ohne das Vorleben durch die Führungskräfte, was Regierende der Stadt Zürich natürlich in erster Linie sind.

All die Leistungen, die ich von meinen Mitarbeitern verlange und die sie in überdurchschnittlichem Ausmasse auch erbringen, die kommen nur, weil sie genau wissen: Der Alte macht selber seine 60 Stunden die Woche oder mehr. Bei den Kosten ist es nicht anders.

Aber wenn einer meint, er könne nachmittags um drei mit dem Golfschläger geschultert über'n Hof aus seinem Betrieb laufen und sagen: «Kinder, macht schön Kostenmanagement; ihr könnt mich dann mit dem Handy an Loch 9 erreichen», dann ist es ein bisschen schwierig mit Kostenmanagement. Es geht nur mit Vormachen, dass muss Ihnen klar sein.

Glaubwürdige Preispolitik

Wir sprechen natürlich jedes Jahr in unserem Jahreszielplan über die Preise. Da steht dann ganz locker unter dem Titel «Preispolitik»:

> ***«Wir halten an unserer Preisgarantie fest; jeder Gast erhält unsere Gastfreundschaft zum gleichen Preis.»***

Ich glaube sagen zu dürfen, dass es wenige Hotels im deutschsprachigen Raum gibt, die auch in der Rezession die Preisgarantie beibehalten haben. Preisgarantie heisst: «rack-rate» = «average-rate»; Preisgarantie heisst, der Preis in der Liste oder im Schrank gilt für alle Gäste – heisst: EIN Preis für alle.

Jetzt gibt's solche, die sagen: «Ich komme aber 60 Mal im Jahr.» Dann sagen wir: «Beruhigen Sie sich, Sie müssen trotzdem nicht mehr bezahlen, obwohl wir Sie permanent 'upgraden'.»

Wir haben 1993 in Kauf genommen, dass unsere Hotelbelegung leicht zurückgegangen ist, aber wir haben deshalb nicht an der Preisschraube rückwärts gedreht, weil ich sonst soweit hätte nachgeben müssen, dass ich – hätte ich die Belegung halten wollen – am Schluss nur noch Geld gewechselt hätte. Mich interessiert schliesslich am Ende nicht der Umsatz, sondern mich interessiert der Ertrag. Zum zweiten möchte ich nicht in die sehr peinliche Situation kommen, dass ich dem Gast erklären muss, wieso ich von ihm plötzlich wieder mehr verlange, wenn die Rezession vorbei ist. Irgendwo verlieren wir doch unsere Glaubwürdigkeit. Gehe ich runter, dann sagt doch der Gast: «Der hat uns jahrelang bemogelt, denn jetzt sehen wir ja, wo die richtigen Preise liegen.» Gehen wir dann wieder hoch, dann meinen die gleichen: «Ja, was ist denn jetzt? Will der mich schon wieder über den Tisch ziehen?»

Kontinuität ist langfristig auch in der Preispolitik wichtiger als eine vorübergehende Einbusse, auch wenn diese schmerzt.

Was ich 1994 allerdings gemacht habe: Ich habe in zwei Bereichen, im Tagungsbereich und im Hotelbereich, auf eine Preiserhöhung verzichtet; das ging deshalb, weil ich hier nicht von der Inflation abhängig bin; die Zinsen bleiben ja fest über das Jahr hinaus, so dass ich mir einen solchen Verzicht auch einmal leisten kann.

Verträgliche preispolitische Massnahmen

Dann verkaufe ich jetzt die beiden Entscheidungen, die Preisgarantie und die der gleichbleibenden Preise, an meine Gäste.

Man kann nicht genug betonen, wie wichtig es ist, gegenüber seinen Kunden zum eigenen Preis zu stehen; und dies gilt besonders in einer rezessiven Zeit, in einer Zeit, wo die Totengräber aller Branchen nur noch über den Preis gehen.

Meine Branche hat bis zum heutigen Zeitpunkt nicht gelernt, den richtigen Preis für unsere Dienstleistungen überhaupt zu verlangen. Bringen Sie einmal Ihr Auto zum Kundendienst nachts um elf und sagen, Sie brauchen es morgen früh wieder. Der lacht sich doch schier krank. Auf der anderen Seite getrauen sich die wenigstens in der Hotellerie, für Leistungen zu dieser späten Stunde überhaupt einen Zuschlag zu nehmen. Gerd Käfer macht's – und der macht uns vieles vor.

Dass wir keine Preiserhöhungen machen, wo die anderen dauernd Nachlässe gewähren, das verkaufen wir auch noch als Bonbons.

Klaus & Renate Kobjoll

25 Jahre – Still going strong

Landhotel Schindlerhof

Leben auf dem Lande

Übrigens …

Es gibt kaum etwas auf dieser Welt, das nicht irgend jemand ein wenig schlechter machen und etwas billiger verkaufen könnte, und die Menschen, die sich nur am Preis orientieren, werden die gerechte Beute solcher Machenschaften.

Es ist unklug, zu viel zu bezahlen, aber es ist noch schlechter, zu wenig zu bezahlen. Wenn Sie zu viel bezahlen, verlieren Sie etwas Geld, das ist alles. Wenn Sie dagegen zu wenig bezahlen, verlieren Sie manchmal alles, da der gekaufte Gegenstand die ihm zugedachte Aufgabe nicht erfüllen kann. Das Gesetz der Wirtschaft verbietet es, für wenig Geld viel Wert zu erhalten. Nehmen Sie das niedrigste Angebot an, müssen Sie für das Risiko, das Sie eingehen, etwas hinzurechnen. Und wenn Sie das tun, dann haben Sie auch genug Geld, um für etwas Besseres zu bezahlen.

JOHN RUSKIN
engl. Sozialreformer (1819–1900)

Kreativzentrum Schindlerhof

Tagen im Gleichklang
von Geist und Gefühl

Landhotel Klaus Kobjoll GmbH · HRB 7008 · Steinacher Strasse 6-8 · 90427 Nürnberg-Boxdorf · Telefon 09 11/93 02-0
Fax Landhotel 09 11/93 02-6 20 · Fax Kreativzentrum 09 11/93 02-6 40

Die Reaktionen meiner Kunden hierauf sind ausnahmslos positiv. Das kann deshalb nicht verwundern, weil ich damit nur richtige Feststellungen treffe, zu welchen ich Wort für Wort auch stehen kann.

Festlegen eines Jahresmottos

Das ist das vorletzte, was wir im Rahmen der Jahreszielplanung tun. Wir schauen in der Situationsanalyse, wo's brennt. Wir fragen uns: «Wo ist denn irgend etwas, wo wir an uns arbeiten können?» Dementsprechend fällt das Jahresmotto aus.

Vor der Rezession, als wir jeden Tag 100 Gäste weggeschickt hatten, da hiess unser Jahresmotto beispielsweise: «Alles mit den Augen der Kunden sehen». Da haben wir uns ein Jahr lang in Demut geübt.

Als wir festgestellt haben, dass die Leute lieblos miteinander umgehen, ja auch lieblos mit Materialien, da hiess das Jahresmotto: «Ich gehe mit allem um wie mit meinem Augapfel.»

Diese Jahresmottos sind im ganzen Haus verteilt. Im Office und auch hinter den Kulissen hängen lauter kleine Schildchen, damit wir immer wieder daran erinnert werden. Das Motto steht aber auch auf jeder Aktennotiz von mir unten drauf, damit es penetriert wird.

Wir hatten in der Rezession festgestellt, dass unsere jungen, erfolgsverwöhnten AbteilungsleiterInnen im Rückgrat ein bisschen geknickt waren. Wir waren uns das vorher nicht gewöhnt und überrascht, dass plötzlich unser Höhenflug kurzfristig unterbrochen wurde. Also wählten wir ein Jahresmotto, um dem Rückgrat ein bisschen zu helfen. Das hiess 1994 kurz und energievoll: «Alle sind wir gut.»

Dieses Motto hat uns 1994 so gut begleitet, dass für 1995 das Selbstvertrauen kein Thema mehr war. So brauchten wir mit dem neuen Jahresmotto nicht mehr unsere Macher-Qualitäten zu unterstützen. Mit «Hand in Hand – Herz in Herz», dem Motto 1995, sind wir nun dabei, das Zusammenspiel innerhalb des Teams wieder zu optimieren.

Jahreszielplan-Tagung ohne Störung

Es ist übrigens interessant, dass Sie die Qualität einer Führungskraft immer dann am besten beurteilen können, wenn sie nicht am Arbeitsplatz ist. Wenn sie nur gut ist, weil sie am Arbeitsplatz ist, dann ist sie nicht besonders gut. Wenn sie sechs Wochen krank ist oder vier Wochen in Urlaub, oder wenn – wie bei uns – die ganze Führungscrew vier Tage ausser Haus ist wegen dieser Jahreszielplanung, ja dann können Sie feststellen, ob die gut sind oder nicht, ob sie wirken – auch über ihre Anwesenheit hinaus. Für mich ist immer ein sehr schönes Indiz für die Qualität meiner Führungskräfte, dass wir uns diese vier Tage überhaupt von nichts stören lassen; es gibt keine Fax, keine Messages, kein ewiges Am-Telefon-Hängen, um nachzugucken, was los ist – wir können von dort aus eh nichts machen. Ein gutes Organisationskonzept muss einfach so gut sein, dass es auch läuft, wenn Sie nicht da sind, dass es sinnvoll geschieht, auch wenn Sie losgelassen haben.

Das Unternehmen wird zum offenen Buch

Das Ergebnis dieser vier Tage, der Jahreszielplan, wird nun etwa 250 Mal kopiert und gebunden wie ein Buch; da ist eine Mitarbeiterin eine Woche lang damit beschäftigt. Dann bekommt jeder seine Kopie, der mit uns zu tun hat:

- Alle Lieferanten – ich habe seit 24 Jahren immer die gleichen Lieferanten – sollen sehen, dass es uns gutgeht; wir wollen für die ein offenes Buch sein, und die sollen rechnen können, welchen Umsatz sie mit uns im nächsten Jahr machen.

- Selbstverständlich kriegen ihn unsere Banken; wir sind auch für unsere Banken transparent. Es genügt nicht, einer Bank jedes Vierteljahr einmal eine Tagesauswahl-Meldung zukommen zu lassen. Die bekommen alle Monate die aktuellsten Zahlen, kommentiert von mir; die sind immer voll auf dem laufenden. Sie bekommen sogar meine Kommentare zugefaxt, die ich meinen Mitarbeitern zu den Zahlen schreibe. Der Jahreszielplan geht auch an unseren Steuerberater.

- Es bekommen ihn wichtige Firmen-Stammkunden, die sehr oft bei uns sind, denn auch die sollen wissen, was bei uns im nächsten Jahr passieren wird.

- Und – last but not least – bekommen ihn alle unsere Mitarbeiter. Es wird keine Ausnahme gemacht, ob jemand Lehrling ist, Halbtages-Zimmermädchen oder Spüler.

Planung im Übergang zur Umsetzung

Die MitarbeiterInnen bekommen den Jahreszielplan zusammen mit einem Brief.

Sie sollen ihn zuhause studieren, weil natürlich im Unternehmen viel zu wenig Zeit ist hierfür. Dieses Mal werde ich ihn gar nicht mehr verteilen, sondern gleich an die Privatadresse schicken. Dadurch wird mit Sicherheit noch mehr ausgelöst.

Jeder einzelne Mitarbeiter muss sich jetzt alle Massnahmen, alle Aktionen markieren, die seine Abteilung betreffen. Jeder Mitarbeiter nimmt so auch farblich wahr: Jetzt geht es an die Umsetzung! Ich erlaube mir auch, alle Mitarbeiter aufzufordern, ihre Teamchefs auf Vergessenes hinzuweisen, wenn ein Fertigstellungsdatum überschritten ist.

Ich fordere unsere Lehrlinge regelrecht auf, uns Führungskräften ans Schienbein zu treten, wenn wir was übersehen haben. Wir dulden kein Hierarchie-Verhalten. *Hierarchie-Denken* ist in Ordnung, denn ob Sie ein Organigramm auf den Kopf stellen oder der Esel oben steht – es ist in beiden Fällen hierarchisch gedacht. Nicht okay ist hingegen Hierarchie-Verhalten dann, wenn einer sagt: «Ich lass mich doch nicht von Dir kritisieren, **weil ich hier der Chef bin.**»

Puderzucker-Motivation

Die Motivation im Schindlerhof ist immer dann am höchsten, wenn der Jahreszielplan verteilt wird, und keineswegs dann, wenn ein Mitarbeiter beispielsweise in ein neues Cabriolet einsteigt oder eine Sonderprämie erhält. 90% der Motivation kommen aus klaren Zielen, und die restlichen 10% sind Puderzucker, den Sie da verteilen.

Diese Puderzucker-Motivation, die Motivation über Incentives, über Prämien oder Autos, die kann sogar schädlich sein, wenn nicht die Grundmotivation vorher aufgebaut wurde, und die geht nur über klare Ziele.

Das bedingt natürlich Transparenz im Unternehmen. Ich sehe oft an den Gesichtern der Leute auch in den Seminarien, wie die jeweils erschrecken über die Transparenz, die wir gegenüber Mitarbeitern wie gegen aussen leben. Und diese erschreckten Gesichter sagen dann: «Ja um Gottes willen, wie kann man denn all seine Zahlen auf den Tisch legen?»

Es ist nötig, und wer's nicht kann, der muss es halt lernen.

Die Leute wollen schliesslich für einen Gewinner arbeiten und nicht für einen Verlierer. Also zeigen Sie sich! Es ist nur dummes Geschwätz, wenn einer sagt, es würden doch alle neidisch und das gäbe viel zu viele Probleme. Das stimmt nicht, ausser dann natürlich, wenn Sie unethische Ziele haben, aber dann wären Sie selber schuld! Kennen Ihre Leute die Zahlen, dann sind sie stolz auf Sie, auf den Betrieb und auf sich selber, je besser Ihre Zahlen sind.

Das Ergebnis klarer Ziele und konsequenter Umsetzung

Wenn Sie klare Ziele haben und dann auch stark in der Umsetzung sind, konsequent, dann kommen Sie in den Bereich von «Excellence». Viele sprechen hiervon; Prof. Warschawski (ZfU Zürich) spricht vom «Erreichen von Excellence», das erste Buch von Tom Peters von «In

Search of Excellence». Excellence heisst nur, glasklare Ziele haben und diese transparent machen, damit jeder, der an dem Strick ziehen soll, auch weiss, worum es geht, weil er die Ziele sonst nie optimal und konsequent umsetzen kann.

Da kann – wir sind immer noch in der Jahreszielplan-Tagung – auch die unangenehme Frage nicht ausbleiben: «Haben wir die richtigen Mitarbeiter, um unsere Ziele zu erreichen?» Die Frage stellen wir uns öfter als bloss einmal im Jahr. Dementsprechend vorsichtig sind wir natürlich auch bei der Einstellung unserer Mitarbeiter. Der Coach einer Bundesliga-Mannschaft kann das Spiel nicht gewinnen, wenn er einen Mittelstürmer hat mit Plattfüssen, zwei Verteidiger mit Berührungsängsten und einen gleichgewichtsgestörten Torwart – das geht halt nicht. Und das können Sie voll übertragen auf das Unternehmen.

Wo stehen Sie? Ein Fragen-Katalog

Wenn Sie sich selber testen wollen, versuchen Sie einmal, die nachstehenden Fragen auf sich bezogen zu beantworten. Können Sie alle Fragen mit Ja beantworten, sind Sie wohl bereits ganz oben, sind Sie bereits im Bereich von «Excellence», und je nachdem mehr oder weniger weit davon entfernt:

- *Sind Ihre Zielgruppen klar beschrieben?*
- *Kennen Sie die Wünsche und Bedürfnisse Ihrer Zielgruppen genau, oder gehen Sie nur von sich aus?*
- *Haben Sie sich auf einzelne Segmente konzentriert?*
- *Kennen Sie Ihre Mitbewerber?*
- *Kennen Sie Ihre Stellung auf dem Markt?*
- *Wie hoch ist Ihr Marktanteil?*

- *Haben Sie ein klares Erscheinungsbild gegenüber Ihren Kunden (Fein-Positionierung)?*

- *Sind Ihre Firmen-Zielsetzungen für jedermann transparent?*

- *Kennen Sie Ihre Leistungsschwerpunkte? Worauf fokussieren Sie Ihre Scheinwerfer?*

- *Haben Sie Ihre quantitativen Zielsetzungen mindestens für die nächsten drei Jahre parat?*

- *Sind diese Zahlen allen Führungskräften, besser noch allen Mitarbeitern bekannt?*

Dies sind alles Fragen nach Ihrer Perfektion im Bereiche der Zielarbeit, der Planungsarbeit.

Ein zweites Fragen-Paket betrifft die Umsetzung, die Konsequenz:

- *Sind Ihre Massnahmen immer geplant (bevor Sie eine Massnahme ergreifen, muss ein Ziel da sein, und das Ziel können Sie nur festlegen aus einer Situationsanalyse heraus)?*

- *Werden die Massnahmen immer auf die Ziele ausgerichtet?*

- *Werden jeweils auch die erforderlichen Mittel bereitgestellt (es gibt Unternehmer, die lassen immer toll planen, und wenn's dann ans Eingemachte geht, wenn dann Mittel benötigt werden, heisst es: «Na wunderbar habt Ihr geplant, aber Geld gibt's hierfür keines!»)?*

- *Werden für die Massnahmen immer auch Verantwortliche bestimmt?*

- *Sind Ihre Massnahmen terminiert?*

- *Werden die Termine eingehalten?*

- *Wird eine Erfolgskontrolle durchgeführt?*

– *Müssen Abweichungen begründet werden und werden bei der Begründung solcher Abweichungen auch gleich Vorschläge für Korrekturmassnahmen verlangt?*

Wo stehen Sie???

Mit all Ihren Ja-Antworten zu diesen Fragen kommen Sie bzw. Ihr Unternehmen dem Zustand von «Excellence» näher, und sollte die eine oder andere Frage allenfalls noch ein scheues Kopfschütteln ausgelöst haben bei Ihnen, so wissen Sie nun, wo Sie noch Raum für Verbesserungen haben.

Damit haben Sie einen kleinen Einblick in die kurzfristige Planung. Natürlich gibt es in diesem Bereich noch viel mehr zu tun, doch soll dies nicht Gegenstand dieses Buches sein.

ZWEITER TEIL

Marketing-Konzept

Zur Definition

Was ist Marketing? Bereits bei der Definition tun sich einige immer noch schwer. Marketing ist die Anwendung von Clausewitz auf Marmelade; es hat im sportlichen Sinn etwas mit Kriegsführung zu tun. Die für meine Begriffe sauberste Definition lautet:

> ***«Marketing heisst, ein Unternehmen von den Märkten her auf die Märkte auszurichten!»***

Dale Carnegie sagte einmal: «Ich esse für mein Leben gerne Erdbeertorte, aber wenn ich angeln gehe, frage ich, was die Fische mögen.» Marketing heisst also, auf das Problem einer Zielgruppe einen Deckel draufzusetzen.

Handwerk und Kunst

Ausserdem ist Marketing Kunsthandwerk im wahrsten Sinne. Nehmen Sie als Beispiel ein gegenständliches Werk von Pablo Picasso in jungen Jahren; da sehen Sie, mit welcher auch handwerklichen Geschicklichkeit jedes Detail ausgearbeitet ist. Und nun vergleichen Sie, mit welch wenigen Strichen der Künstler vielleicht 40 Jahre später den gleichen Gegenstand darzustellen versucht hat. In diesem Vergleich liegt etwas drin, was auch für das Marketing Gültigkeit hat: 95 % können Sie erlernen, 5 % hingegen bleiben Kunst!

Das vorliegende Buch kann sich naturgemäss nur mit dem Handwerk auseinandersetzen, eben mit jenen 95 %, aber wir dürfen dabei nicht vergessen, dass dieses Feeling, das bisschen Bauch – ja dass die Kunst auch beim Marketing dazu gehört. Deshalb hat ein Genie wie Ueli Prager, der Mövenpick-Gründer, nie eine Marketing-Abteilung gebraucht, da er das meiste bereits aus dem Bauch heraus richtig gemacht hat. Das ist dann natürlich nicht genügend, wenn man sich überlegt, was nachher, was bei der Nachfolgeregelung passierte. Da hatte man auch bei Mövenpick gespürt, dass ein Organ im Unternehmen unterentwickelt war. Marketing der Hohen Schule ist nichts anderes als Kunsthandwerk.

Marketing-Strategie in sieben Punkten

Marketing ist die Anwendung von Clausewitz auf Marmelade.

Wenn Sie heute bei einer Agentur einen Hausprospekt in Auftrag geben und die fragen Sie nicht nach Unternehmensleitbild, Unternehmensvision, Zielgruppen und Positionierung, dann sind Sie an Scharlatane geraten.

Die nach alter Väter Schule geführten Grossunternehmen leben oft mit dem Nachteil der grossen Distanzen zwischen den Führungspositionen und den Frontleuten. Hier hat der liebe Gott den Mittelstand privilegiert – nutzen Sie diese Chance.

Zwei bis drei glasklare SEPs (strategische Erfolgspositionen) geben Ihnen Sicherheit für etwa drei Jahre, dass Sie so schnell keiner wegfegt.

Wenn ein Hotelier vor zehn Jahren ein Stück Schokolade als Bett-Hupferle aufs Kopfkissen legte, dann war das ein USP (unique selling proposition); heute ist so etwas eher schädlich.

Pay-Video ist «out»! Die schlafen doch heute beim Soft-Porno alle schon während dem Vorspann ein, und am anderen Tag haben sie fuffzehn Mark auf der Rechnung.

Das menschliche Gehirn kann nur quantitativ denken und nicht qualitativ. Deshalb braucht man möglichst viele USPs, um beim Kunden eine positive Leistungsbilanz zu bewirken.

Ich fasse kurz zusammen, wie Sie eine griffige Marketing-Strategie aufbauen können und müssen.

Zielgruppen

Als erstes müssen Sie die Zielgruppen zum Inhalt machen. Da laufen die Diskussionen seit Jahren hin und her, und auch ich habe früher noch gesagt, es sei zeitweise gar nicht mehr möglich, Zielgruppen festzulegen. Die kamen mir zeitweise vor wie Regenwürmer, so glitschig wie Aale, dauernd woanders. Eine Zeitlang hiess es: «product find your market» – es wird dann schon jemanden interessieren. Heute bin ich überzeugt, dass es völlig falsch ist, keine Zielgruppen festzulegen, denn Sie müssen ja wenigstens die geographischen Kriterien in Betracht ziehen, indem Sie wissen müssen, woher Ihre Gäste kommen, denn sonst wüssten Sie auch nicht, in welchem Gebiet Sie Ihre Kommunikationsgelder einzusetzen haben.

Wenn ich weiss, meine Gäste kommen aus Berlin, wenn ich sehe, dass sich die von mir hergestellten Schiessbuden vor allem in Süditalien absetzen lassen, dann muss ich halt dort Kommunikation betreiben. Es geht nicht ohne Zielgruppen.

Ich zeige Ihnen am Beispiel der Tagungen, wie wir Zielgruppen suchen und festlegen.

Wir fragen uns zuerst, was unsere Märkte, unsere Teilmärkte sind. Dann schauen wir uns geographische Kriterien an: Woher kommen denn die Leute? Kommen Sie aus dem Grossraum, dem ganzen Land oder dem Ausland?

Dann sind nach wie vor demographische Kriterien von Bedeutung. Wie alt sind sie denn, die Leute meiner Zielgruppen? Ich muss doch Kids, muss doch die 20jährigen ganz anders ansprechen als die 60jährigen, je nachdem einen ganz anderen Kommunikationsstil pflegen; also spielt das Alter sicher ebenfalls eine entscheidende Rolle.

Wie viele Prozente sind Männer, wie viele Frauen? Wenn ich weiss, ich habe leider nur 20% Frauen im Schindlerhof, dann kann ich mit relativ kleinen Bädern auskommen; wenn es anders wäre, dann müsste ich in meinem Haus gerade diese Leistungen ausbauen.

Ich muss weiter wissen, ob die Leute aus der oberen, der mittleren oder der unteren Einkommensklasse kommen. Wir gehen sogar so weit, dass wir wissen wollen, ob es Firmeninhaber sind oder angestellte Unternehmer. Wenn Sie sehr viele Firmeninhaber als Kunden haben, also selbständige Unternehmer, dann gibt's die Preis-Schallmauer im Hotel nicht, die mit den Gedanken begrenzt: «Ich darf nur bis 180,– Mark abrechnen in der Firma, sonst muss ich aus der eigenen Tasche zahlen.» Der selbständige Unternehmer, der sieht dies vor Steuern; ob dies nun 180,– Mark sind oder ein bisschen mehr, das ist ihm wurscht.

Dann kommen die psychographischen Kriterien. Sie fragen danach, ob es eher dynamische Leute oder eher konservative sind. Hier werden die Fragen nach dem Bildungsniveau untergebracht, was natürlich für den Entscheid der Art der Kommunikation wieder sehr wichtig ist, für die Frage, wie ich jemanden anspreche.

Immer bedeutender sind die verhaltensbezogenen Kriterien. Hierzu ein paar Beispiele.

Es gab früher, und das ist noch gar nicht so lange her, die Yuppies; Yuppies als Abkürzung für «young upcoming professionals». Der Yuppie war gekennzeichnet durch ein typisches Verhalten; das waren Leute, die haben ihren Erfolg so richtig gezeigt. Eine 35jährige selbständige Rechtsanwältin, ein 40jähriger Facharzt mit eigener Praxis, auch Führungskräfte in der Gastronomie. Denen allen stand auf der Nase: «Wir zeigen unseren Porsche, wir zeigen die teuren Uhren, und wir zeigen, wie sich unsere goldene Nase im Geldbeutel widerspiegelt.»

Die Zahl der Yuppies hat sich dann etwas vermindert und der breiter werdenden Neuen Bescheidenheit Platz gemacht. Sie sind jetzt ersetzt worden durch die Milkies, die «modest introverted luxury keepers», immer noch vom Feinsten, immer noch das Beste, aber in Understatement. Es ist halt jetzt der Kaschmirpulli für 2500,– Mark, aber bitte ohne Etikett; es ist die alte Armbanduhr, deren Wert nur der Fachmann erkennt. Es sind halt die March-Schuhe zwischen 600,– und 900,– Mark, die etwas länger halten, und nur ich selber weiss, wie gut die sind. Ich brauch's nicht mehr zu zeigen.

Es sind die «Selpies» mit ihrem ganz bestimmten Verhalten, Second-life-people; da spielt ebensoviel Zeit wie Geld mit; die sind permanent genusssüchtig, hedonistisch und ständig auf Achse.

Zwar sind die Verhaltensweisen schon definierbar. Aber sie verändern sich ständig, und es kommen neue hinzu. Auch verändern sich die Grössenverhältnisse zwischen diesen einzelnen Gruppen immer wieder.

Die Positionierung/Image-Broschüre

Wie wollen Sie gegenüber Ihren Mitbewerbern und gegenüber Ihren Kunden eigentlich wahrgenommen werden? Dies ist die zentrale Frage unter dem Gesichtspunkt der Positionierung, zu welcher ich mich vorstehend genügend geäussert habe.

Ergänzend seien aber einige Worte zum Thema «Image-Broschüre» angebracht, weil viele Firmen heute sehr viel Geld hierfür ausgeben und es da auch nur funktioniert, wenn man's richtig macht.

Auch wir haben einen neuen Hausprospekt machen lassen. Der ist auch gestalterisch unterteilt in die vier Abteilungen Tagung, Hotel, Restaurant und Bankett. Bei jeder Abteilung steht nicht nur die Positionierung gleich dran, sondern es sind auch bei jeder Abteilung die tragenden Marketing-Ideen aufgeführt.

Wenn Sie heute einen Hausprospekt machen lassen, und die Agentur, die Sie beauftragen, die fragt Sie nicht nach dem Unternehmensleitbild, fragt Sie nicht nach Ihrer Unternehmensvision, nach Ihren Zielgruppen und nach Ihrer Positionierung, dann sind Sie bei einem Scharlatan. Dann wird der Ihnen als Bank einen Hausprospekt machen, wo die Schalterhalle mit jener Kassiererin abgebildet ist, die dem Prokuristen am besten gefällt, gerade so, wie es dies überall gibt. Dann macht der für Ihr Ferienhotel einen Hausprospekt mit einem Bidet abgebildet, einer Badewanne, die überall gleich aussehen, und vielleicht noch einer Sauna, so dass kein Mensch Ihr Ferienhotel von einem Tagungshotel unterscheiden kann und schon gar nicht von einem anderen Ferienhotel – es ist schade fürs Geld.

Der Zweck einer solchen Broschüre kann doch nur sein, den Kundennutzen erkennen zu lassen, indem ich die Positionierung mit allen strategischen Marketing-Ideen mit diesem Transportmittel hinüberbringe. Nur dann macht eine Image-Broschüre Sinn, und sonst lohnt sich nicht einmal das Bedrucken des Papiers.

Positionierung durch klare Inhalte

Ihre Positionierung ist wertlos, wenn Sie nicht Unterstützung erhält durch tragende Ideen.

Der Wintersportort St. Moritz im Engadin in der Schweiz positioniert sich mit dem Slogan: «Top of the world» – Papier ist ja geduldig. Die Positionierung ist aber richtig und mit Leben erfüllt, weil es jetzt jede Menge tragender Marketing-Ideen zur Unterstützung dieses hohen Anspruches, dieser Positionierung gibt: Das einzige Golf-Turnier auf Eis mit schwarzen Bällen; das einzige Polo-Turnier auf einem gefrorenen See im Januar, und jeden zweiten Winter spielt der Prinz Charles mit; eine spezielle Champagner-Abfüllung «St. Moritz», und, und, und – jede Menge zusätzlicher und guter Marketing-Ideen.

Gstaad ist ebenfalls hoch oben positioniert. Dort gibt es die Alpen-Gala, dort gibt es Menuhin jedes Jahr, also Musik-Festspiele im Winter – alles tragende Ideen zur Unterstützung der klar vorgenommenen Positionierung.

Daraus ersehen Sie die zentrale Frage, die Sie sich stellen müssen, wenn Sie sich einmal positioniert haben: «Welche tragenden Ideen bringen meine Positionierung überhaupt erst zum Leben?» Haben Sie keine solchen Ideen, dann bleibt die Positionierung ein Slogan, eine inhaltslose Hülse, die Ihnen überhaupt nichts bringt.

In meinem Restaurant haben wir uns positioniert mit dem Satz: «Alle Sinne werden satt!» Da geht es nicht nur um Essen und Trinken, das ist ja nur ein Sinn, sondern da werden alle zwei Monate die Dekorationen völlig neu gemacht. Das Ambiente hat einen so hohen Stellenwert, dass es alle fünf Jahre völlig neu präsentiert wird. Dann gibt es bei uns ein ausgeklügeltes Musik-Konzept von jungen Musikern. Es sind auch die Restaurant-Räume je nach Jahreszeit ganz verschieden beduftet, damit wirklich alle Sinne angesprochen werden. Und diese tragenden Ideen sind für den Kunden sofort erkennbar.

Leistungsschwerpunkte

Unter diesem Stichwort erkläre ich Ihnen drei Fachausdrücke, die Ihnen auf dem Weg zum Marketing-Profi weiterhelfen.

Natürlich müssen Sie Ihre Leistungsschwerpunkte kennen. Sie müssen wissen, worauf Sie Ihre Scheinwerfer richten. Niemand kann an vier Kriegsschauplätzen gleichzeitig kämpfen. Wir im Kreativzentrum sind auf die Tagungen spezialisiert, und alles weitere hängt nur mit den Inhalten solcher Tagungen zusammen und hat mit nichts anderem zu tun.

Die SEPs

SEP ist die Abkürzung für strategische Erfolgsposition. Es ist das Gegenteil einer Basisfähigkeit; man kann auch sagen: Kernfähigkeit. Ein Unternehmen sollte zwei bis drei solcher SEPs haben. Ich zähle Ihnen ein paar auf:

- Sheraton Frankfurt hat die SEP Standort, nämlich den Flughafen. Die Leute sind 15 Stunden unterwegs gewesen, Jet-lag, und fallen denen zur Tür rein. Die zahlen jeden Preis, wollen nur noch eine Matratze und schlafen. Diese SEP ist dem Sheraton Frankfurt so schnell nicht zu nehmen. Markant dabei ist, dass der einfach da war, quasi in den Schoss gefallen.

- Man kann aber SEPs auch künstlich aufbauen. Ich nenne das Beispiel Benetton, welches Sie wohl alle kennen. Benetton hat drei strategische Erfolgspositionen aufgebaut.

 Nr. 1: Die Logistik. Sie können die Benetton-Kollektionen fast am gleichen Tag in Tokio wie in Nürnberg bekommen. Eine beeindruckende Logistik ist bei Benetton Bestandteil der Marketing-Strategie. Man spricht übrigens nur dann von einer wirklichen SEP, wenn ein Konkurrent mindestens drei Jahre bräuchte, um das gleiche nachzumachen.

 Die zweite SEP von Benetton ist bereits im Namen eingebaut: «United Colors of Benetton.» Die haben ihre Farben richtig ausgeklügelt, jahrelang daran gearbeitet und geforscht. Es wird alles in weiss produziert und dann, im letzten Moment, wenn man vielleicht 14 Tage vor der Auslieferung steht und sieht, wohin der Trend geht, erst dann wird eingefärbt. Da braucht jeder andere mindestens drei Jahre, bis er das technische Know-how erworben und vor allem die Strukturen geschaffen hat, die ein derart schnelles Handeln auf so breiter Ebene ermöglichen.

 Die dritte strategische Erfolgsposition von Benetton kennen Sie wiederum alle und ist erneut eine künstlich geschaffene: Die Kommunikation à la Benetton. Es geht jetzt nicht darum, ob man es gut findet oder schlecht, Aids-Kranke oder Bosnien-Tote abzubilden, denn ich beleuchte nicht die Ethik. Aber es wird weltweit kaum eine Talk-Show geben, wo nicht irgendwer und immer wieder über Benetton und die Kommunikation spricht. Da braucht jeder andere wiederum sicher mehr als drei Jahre, um das nachzumachen – wenn er es überhaupt schafft.

Sie sehen also, es gibt strategische Erfolgspositionen, Kernfähigkeiten, die sind Ihnen in den Schoss gefallen, wie zum Beispiel Standorte oder wie bei mir eine denkmalsgeschützte Bausubstanz. Der 400 Jahre alte Bauernhof, in welchem bei uns das Restaurant eingebaut wurde, der hatte schon als Baustelle mehr Charisma als die meisten Neubauten. An dieser SEP musste ich gar nichts drehen, die ist mir einfach zugefallen.

Die zweite SEP, die wir im Schindlerhof haben, ist die Herzlichkeit der Mitarbeiter. Aber Vorsicht: Normale Freundlichkeit ist zu wenig. Es muss auch diese SEP systematisch aufgebaut und intensiv erarbeitet werden, sonst verfügte ja jeder andere spätestens nach 14 Tagen auch über dieses Markenzeichen. Wir benötigten mindestens drei Jahre hierfür. Diese SEP muss so wirksam sein – ich übertreibe jetzt ein bisschen –, dass sich die Mädels, wenn jemand im Hotel eincheckt, mit beiden Händen am Tresen festhalten müssen, um nicht hinüberzuspringen und den Gast in den Arm zu nehmen. Erst dann haben Sie in diesem Bereich die strategische Erfolgsposition aufgebaut.

Menschen als SEP

Daraus ergibt sich ein gewichtiger Ratschlag wohl an alle mittelständischen Unternehmer: Bauen Sie sich Ihre Mitarbeiter als strategische Erfolgsposition auf! Wenn es Ihnen gelingt – wer von den Grossen will Sie dann noch angreifen? In diesem Bereich hat der liebe Gott den Mittelstand privilegiert. Zumindest die konservativ aufgebauten und nach alter Väter Schule geführten Grossen, die haben viel weitere Wege von den Führungspositionen zu den Frontleuten, als dies bei uns Mittelständischen der Fall ist. Nutzen Sie diese Chance, bevor die Grossen hier aufgeholt haben.

Die dritte SEP, die wir bei uns in der Rezession aufgebaut haben, die bin ich selber: «Body-selling.» Bei vielen anderen mag dies gleich sein, viele sind sich dessen aber nicht unbedingt bewusst und können dies dadurch auch nicht optimal nutzen. Hingegen sei gleich darauf hingewiesen, dass dies auf die Dauer keine Lösung ist. Langfristig kann ein Unternehmen nur funktionieren, wenn es auch bei Abwesenheit des Esels läuft.

Zusammenfassend betone ich noch einmal, dass Sie zwei bis drei strategische Erfolgspositionen haben müssen. Diese müssen Ihnen glasklar bekannt sein, weil Sie die späteren Massnahmen darauf ausrichten und aufbauen müssen. Es gibt Ihnen die Sicherheit für die nächsten drei Jahre, dass Sie so schnell nicht weggefegt werden. Sie können Ihre SEPs ausbauen und immer wieder auch verbessern, aber eben nur dann, wenn sie Ihnen bewusst und wenn diese klar definiert sind.

USP: Unique selling propositions

Dieser Fachausdruck ist der wohl häufigste im Marketing und stammt von einer New Yorker Werbeagentur der 20er Jahre. USP fragt nach den vielen einzigartigen Kleinigkeiten im Verkauf, nach jenen Gags, die nirgendwo anders zu finden sind. Unique selling propositions können Sie nie genug haben; mindestens 100 bis 200 müssen Sie aber einsetzen. Dies ist auch deshalb nötig, weil USPs sehr einfach kopierbar sind. Wenn Sie bei mir im Betrieb herumlaufen, dann erkennen Sie sehr schnell 40 oder 50 davon. Die können Sie mit nach Hause nehmen und nachahmen, was mich allerdings deshalb wenig stört, weil wir sowieso alle Jahre wieder neue erarbeiten. Aufpassen muss nur, wer direkt vor seiner eigenen Haustüre klaut, denn der läuft Gefahr, dem Lindbergh-Effekt zum Opfer zu fallen; er schadet sich selber, weil alle sagen: «Das hat der doch einfach abgeguckt.» (Charles Lindbergh war der Erste, der den Atlantik überflogen hatte; jeder kennt ihn; kennen Sie den Zweiten?) Klauen ist legitim, aber nur dann positiv, wenn man weit genug weg ist.

Bei mir sind solche USPs der Wetterbericht auf dem Kopfkissen, der CD-Player mit Schindlerhof-Musik, der Pfeifenaschenbecher für den Pfeifenraucher; das ist aber auch die Hunde-Bar, der Leih-Brillen-Service und so weiter. Die USPs sind ein Gebiet, wo Sie sich nach Lust und Laune austoben können.

Weil diese USPs sehr schnell wieder überlebt sind, müssen Sie permanent neue schaffen.

Wenn ein Hotelier vor zehn Jahren ein Stück Schokolade als Bett-Hupferle auf dem Kopfkissen liegen hatte, dann war das ein USP; heute ist so etwas eher schädlich.

Wir haben vor fünf Jahren einen Apfel auf das Kopfkissen gelegt mit einem Zettel, da stand drauf: «An apple a day keeps the doctor away.» In der Zwischenzeit habe ich es sicher an 20 anderen Orten gesehen, also ist es bereits verkommen zur Basisfähigkeit und kein USP mehr.

Ich habe mir von jungen Musikern Einschlafmusik machen lassen. Die schieben Sie bei uns in den CD-Player; das erste Stück können Sie gar nicht zu Ende hören, da sind Sie schon im Tiefschlaf.

Hat jemand vor zehn Jahren einen Farbfernseher ins Zimmer gestellt, so war das damals ein USP. Wenn der Farbfernseher heute keine Fernbedienung hat, dann stimmen nicht einmal mehr die Basisfähigkeiten. Ich stehe doch im Hotelzimmer nimmer auf, wenn ich die Minibar leergetrunken habe, nur um die Glotze abzustellen. Dann rauscht sie halt die ganze Nacht! Wir haben deshalb in allen Zimmern nicht nur Fernbedienung, sondern eine mit integriertem Video.

Dazu gibt's an der Rezeption eine Gratis-Leih-Videothek, die neuesten Spielfilme umsonst. «Pay-Video» ist out! Die schlafen doch alle beim Soft-Porno schon im Vorspann ein, und am andern Tag haben Sie dann fuffzehn Mark auf der Rechnung.

Wenn heute jemand in der Ferienhotellerie den Mut hat, keinen Farbfernseher ins Zimmer zu stellen, und er veranstaltet dafür abends am offenen Kamin eine Märchenstunde, wo vorgelesen wird, wo vielleicht während dem Apéro auch andere Geschichten erzählt werden, dann wäre es wieder ein USP.

Ein UKW-Radio im Zimmer – vor fünfzehn Jahren ein USP, heute eine Basisfähigkeit. Also haben wir heute überall Stereo-Anlagen drin, und damit wieder einen USP.

UAP: Die Markenzeichen

UAP – dieser nächste Fachausdruck ist die Abkürzung für «unique advertising proposition». Da brauchen Sie nur einen, und vielleicht kommen Sie problemlos auch ohne aus.

Gemeint ist mit UAP eine Figur, ein Symbol, das man sofort mit Ihnen, mit Ihrem Betrieb in Verbindung bringt, ohne den Namen zu sehen.

Sie sitzen im Kino; es reitet jemand über die Leinwand – Marlboro!

Sie fahren auf der Autobahn; es begegnet Ihnen ein Lkw, und dort hockt ein weisses Gummimännchen über dem Fahrersitz – Michelin!

Wir haben einen solchen UAP aufgebaut mit der Wildente, wobei mir ein Journalist den Namen vor Jahren verpasst hat und ich diesen Umstand nun einfach auszunutzen versuchte. Im Kreativzentrum finden Sie die Wildente in den Vorhängen, auf den Zahnputzbechern, von Künstlern gestaltet im Aussen- und im Innenbereich. Wir wollen tatsächlich auch ein Tagungszentrum für Wildenten sein, für Querdenker. Tom Peters spricht von Skunks, von Stinktieren, nur eignen sich die nicht als Sympathieträger, und bei uns hat sich die Wildente geradezu aufgedrängt. Vielleicht gelingt es uns im Verlaufe der Jahre, dass einer, der in Trainerkreisen eine Wildente sieht, sofort denkt: «Hoppla – Schindlerhof!» Wenn es uns nicht gelingt, ist es auch egal. Einen UAP zu haben, ist nicht lebensnotwendig.

Basisfähigkeiten sind vorausgesetzt

Alles, was weder SEP noch USP noch UAP ist, gehört zu den Basisfähigkeiten. Auch bei der so wichtigen Basisfähigkeit sei an einem Beispiel gezeigt, worum es geht.

Das menschliche Gehirn kann nur quantitativ denken und nicht qualitativ. Deshalb braucht man möglichst viele USPs, um eine positive Leistungsbilanz zu haben, denn Fehler passieren bei uns allen. Sie gehen irgendwo in ein tolles Gourmet-Restaurant; das Essen ist gut – es macht nur einmal «plus» im Kopf. Der Wein ist fantastisch – zwei Mal «plus» im Kopf, aber: nur eine quantitative Registrierung.

Der Mundgeruch des Türstehers bringt ein «minus» ein. Im Verlaufe der Nachspeise beginnt Frank Sinatra zum dritten Mal «Green green grass of home» – zwei Mal «minus». Kein Glowa-Bier – drei Mal «minus», keine Seife auf der Toilette – vier Mal «minus».

Jetzt gehen Sie mit einer Leistungsbilanz von vier Minus zu zwei Plus nach Hause und gewichten nicht, dass Ihnen das hervorragende Essen eigentlich das Wichtigste war, weil Sie nur quantitativ werten.

Je mehr USPs ein Betrieb bietet, um so leichter schafft er beim Kunden eine positive Leistungsbilanz, auch wenn zwischendurch etwas schiefläuft. Das kann aber nicht funktionieren, wenn die Basisfähigkeiten nicht stimmen. Sie können einen Gast noch so sehr mit USPs beschiessen; wenn er dann nachts auf einer Matratze liegt, die zehn Jahre alt ist und deren Form einer Hängematte ähnelt, dann spürt der tags darauf jede Bandscheibe einzeln und kommt nicht mehr. Alle Basisfähigkeiten – im Hotelbetrieb auch die gute Küche, der Service, die Hygiene und so weiter –, die müssen einfach stimmen.

Vorsicht bei der Küche. Ich habe Kollegen, die sind der Meinung, ihre gute Küche sei eine strategische Erfolgsposition. Wenn man genauer hinschaut, dann ist auch die gute Küche zu 99 % Basisfähigkeit und nichts weiter; es gibt vielleicht noch eine, höchstens zwei Handvoll Küchen, wo man wirklich sagen kann, diese seien SEPs.

Leistungs-Mix

Der Marketing-Mix ist gerade am Beispiel meiner Branche sehr schön zu erklären, weil wir Hoteliers und Gastronomen alle einmal das Mixen erlernt haben. Ich habe nun ein paar Flaschen zusammengestellt für zwei verschiedene Cocktails. Der erste ist der Leistungs-Mix; die dazugehörigen Flaschen haben folgende Bezeichnungen:

Sachleistungen
Dienstleistungen
Ambiente
Preis
Verkaufswege

Beim Mixen gibt es kein Richtig und kein Falsch. Manche, sogar berühmte Cocktails, sind dadurch entstanden, dass dem Keeper in einem unglücklichen Moment die Flasche ausgerutscht ist und er so gemerkt hat: «Mensch, das schmeckt ja ganz toll!» Also kann auch ein Fehler zu etwas Gutem führen; es entscheidet allein der Markt.

Es gibt drei verschiedene Arten, diese einzelnen Flaschen einzusetzen. Sie können die eine oder andere dominieren lassen, das heisst, sehr viel davon verwenden; Sie können sie standardgemäss oder marginal verwenden. Entscheiden Sie selber, wie Sie es machen wollen.

Ich zeige Ihnen meinen Cocktail:

- Sachleistungen sind bei mir standardgemäss, so ca. 4 cl. Ich kann es mir als Gründungsunternehmer gar nicht leisten, begehbare Kleiderschränke zu bauen und alles nur mit Marmor einzurichten.

- Dienstleistungen sind in meinem Cocktail dominant. Dienstleistungen kann sich jeder leisten, und somit auch den Ausbau von Dienstleistungen.

- Das Ambiente ist bei mir ebenfalls dominant.

- Der Preis hingegen ist marginal. Das ist wirklich der Tropfen Angostura, wobei ich betone, dass dies vor allem für Geschäftsleute gilt. Im Privatbereich, ich meine beispielsweise Hochzeiten, die aus versteuertem Geld bezahlt werden muss, dort ist der Preis auch bei mir standardgemäss, an den Wochenenden zum Beispiel.

Verkaufswege sind für mich marginal. Wenn Ihre Leistungen stimmen und die Kommunikation dazu, dann sind die Verkaufswege Kapillar-Systeme, was heisst, dass die Leute aufgrund aktiver Vollreferenzen den Weg alleine zu uns finden.

Trotzdem wäre es falsch, diese Flasche ganz im Keller zu lassen, und das tun wir auch nicht. Natürlich besuchen wir auch die eine oder andere Messe jedes Jahr. Ich bin sicher bei der Tur in Göteborg dabei, ich mache Firmenbesuche, und dann ist bei uns auch Kundenstamm-Marketing angesagt. Wir schauen schon, dass auch auf diesen Wegen etwas passiert.

Kommunikations-Mix

Hierzu ist zu zählen:

Werbung
Verkaufsförderung
interne Öffentlichkeitsarbeit
externe Öffentlichkeitsarbeit
Sponsoring – «product-placement»

Ich selber mache keine Werbung, behaupte aber nicht, dies müsse für jeden richtig sein.

Verkaufsförderung ist bei mir marginal bis standardgemäss. PR, sowohl intern wie extern, ist für mich dominant. Sponsoring und «product-placement» sind standardgemäss, werden aber immer wichtiger.

Jedem seinen eigenen Cocktail

Nun kennen Sie meine beiden Rezepte. Jeder muss nun sein eigenes entwickeln. Und hier setzen die wichtigen strategischen Entscheidungen ein, die Sie selber treffen müssen.

Im Leistungs-Mix der Firma Aldi, wie wird denn da der Preis eingesetzt? Dominant! Und die Dienstleistungen? Davon haben die kaum je gehört. Jedem zeigt die hohe Qualität, dass die Sachleistungen von Aldi auch wieder dominant sind.

Bei Karstadt sind die Dienstleistungen dominant und der Preis marginal. Die liefern mir von Nürnberg die 30 km bis zu mir nach Hause alles, was und wann ich es will – hohe Dienstleistungen!

C & A: Preis dominant; Dienstleistungen standardgemäss und ebenso die Sachleistungen.

Norman Rentrop, die Geschäftsidee – Sie kennen sie alle, denn Sie können kaum eine Zeitung in Deutschland aufschlagen, wo Sie keine Werbung von Norman Rentrop drin sehen. Werbung demnach: dominant! Öffentlichkeitsarbeit ist hingegen von marginaler Bedeutung; ich habe selten etwas über ihn gelesen. Offensichtlich funktioniert auch diese Mischung, denn er konnte vor etwas über einem Jahr in Irland einen grossen Verlag dazukaufen.

Sie sehen bestätigt, dass es kein Richtig und kein Falsch gibt. Der eine macht halt Werbung mit Erfolg und dem anderen liegt sie nicht. Wichtig ist, dass Sie diesen Cocktail so mischen, dass er unverwechselbar und einmalig wird. Und nur so darf er Bestandteil Ihrer Marketing-Strategie werden.

Wenn Sie zum Beispiel sagen, für mich ist der Preis besonders wichtig, dann müssen Sie in der Marketing-Strategie aufpassen, dass Sie optimal einkaufen, von Skonto bis Delcredere alles Denkbare ausnutzen und möglichst auch bei allen Sonderangeboten zuschlagen. Wenn Sie sagen: «Die Dienstleistungen sind es!», dann müssen Sie halt bereits bei drei kleinen Tagungsräumen, wie ich sie habe, ein Tagungssekretariat einrichten, ganztägig besetzt mit zwei jungen Damen, und dürfen sich nicht – wie man es immer wieder sieht – mit einem kleinen unpersönlichen Täfelchen an einem unscheinbaren Ort bescheiden, wo draufsteht: «Tagungssekretariat. Wenn Sie etwas wollen: bitte läuten!» Ich habe an solchen Orten schon oft geläutet, und da kommt halt niemand, weil der Referent aus Spargründen zugleich die Sekretärin spielt und während dem Palavern nicht auch noch draussen vor der Türe eine Faxnummer in Wien ausfindig machen kann.

Die quantitativen Ziele

Die quantitativen Ziele – als siebter Punkt in der Marketing-Strategie – sind bereits oben eingehend behandelt. Bei dieser Gelegenheit sei noch eine Verdeutlichung angebracht für den Satz, den ich bereits mehrfach verwendet habe: «Gewinne zu machen ist kein Unternehmensziel, sondern eine Folge unserer Zielsetzung.»

Dies trifft vor allem auf die übergeordneten Ziele zu. In Unternehmensleitbildern geht es nicht um Gewinne, da geht es um Wertvorstellungen, um Verhaltenspraktiken und ähnliches im übergeordneten, ja fast philosophischen Bereich.

Im Marketing-Bereich hingegen geht es sehr wohl um Zahlen: «There is no marketing but marketing for profit.»

Das heisst, wenn Sie die Marketing-Strategie jetzt fertigstellen, dann müssen Sie sagen: «Jawohl, ich will als Lebensmittelkonzern im Non-Food-Bereich in den nächsten sechs Monaten 3 % mehr Umsatz und 4 % mehr Gewinn machen.» Sie sagen sich als Öffentlichkeitsarbeiter: «Ich erwarte, dass mir im kommenden Jahr die Grossaufträge von einer Kosmetikfirma und einem bundestags-aspirierenden Politiker die Hälfte des Umsatzes bringen und mir so die Akquisitionskosten erspart bleiben.»

Im Resultat der Marketing-Strategie müssen Sie festlegen, welche Massnahmen Ihnen was und wieviel bringen sollen. Hier müssen Sie quantitative Ziele festlegen, sonst könnten Sie sich die Arbeit sparen und gleich Golf spielen gehen.

Strategie-Check

Wenn Sie Ihre Marketing-Strategie fertiggestellt haben, dann müssen Sie sich beurteilen.

Zuerst schauen Sie, ob sie sich für den Markt eignet. Sie haben zum Beispiel ein neues Gastronomie-Konzept entwickelt und haben im Einzugsgebiet eine Uni mit 20 000 Studenten. Dann ist die grundsätzliche Eignung für den Markt gegeben. Aber in Rottach-Egern oder im winterlichen Ascona brauche ich jetzt kein Hardrock-Café aufmachen; vielleicht in 20 Jahren.

Wenn es sich um eine Teilstrategie, um einen Unternehmensbereich handelt, dann muss ich mich fragen, ob sich die Strategie für mein Unternehmen eignet. So kann ich sicher nicht bei McDonalds, wo die Umwelt noch nicht ganz so im Vordergrund steht, eine Abteilung einrichten, wo handgestrickte Socken verkauft werden sollen. Das passt halt nicht dazu.

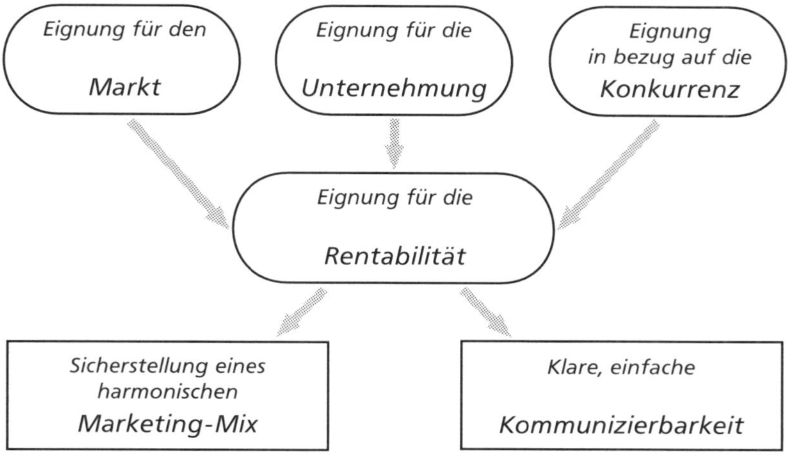

Checken Sie Ihre Marketing-Strategie aber auch in bezug auf die Konkurrenz. Auch hier muss eine Eignung vorhanden sein. Die Grobpositionierung haben Sie vorher ja gemacht. Sie erkennen also sehr schnell, ob Sie das gleiche machen wie die anderen, wie Ihre wirklichen Mitbewerber.

Weiter müssen Sie klarstellen, ob sich die Strategie auch bezüglich der Rentabilität eignet. Es gibt die tollsten Konzepte und aus einem Papier förmlich herausstrahlende Strategien, aber sie rechnen sich ganz einfach nicht.

DRITTER TEIL

Marketing-Instrumente

Preis

Geld ist nicht das Problem. Es war noch nie so viel im Land.
Die Weltkriegsgeneration tritt langsam ab,
und es kommt die Erbengeneration: Hier eine Eigentumswohnung,
da ein Aktienpaket und dort ein Sparkonto …

Lassen Sie sich von Ihren Kunden unterstützen und arbeiten Sie
mit Testimonials. Das hat einen viel grösseren Stellenwert, als wenn ich
sage: «Wir sind die Besten!» – glaubt eh keiner.

Ich bin ein Gegner des Yield-Management. Mit genau dieser Methode
schiessen sich derzeit die Airlines gegenseitig vom Himmel.

Verzichten Sie auf Rabatte und Pauschalpreise.
Stehen Sie zu Ihren Preisen. Wenn Sie gut sind, dann kriegen
Sie Ihr Geld für Ihre Leistungen.

Bei Beginn der Rezession der neunziger Jahre lag das Marketing-Instrument Preis den meisten mittelständischen Unternehmern sehr schnell wieder am nächsten; bei nicht wenigen ist dies leider heute noch so.

Als ich 1993 auf meiner Trend-Reise in den USA war, da sah ich unzählige Schaufenster mit «sales 20 %», «sales 50 %» oder gar 80 % – Rabatt, wohin das Auge blickte, ein Instrument, welches wir alle kennen und auf welchem die Dümmsten die erste Stimme spielen. Manche spielen sogar nur auf diesem Instrument, obwohl es verschiedene Möglichkeiten gibt, mit dem Preis umzugehen.

Geld ist vorhanden

Die Preisliste betreffend Hotel sieht bei uns so aus, dass auf der Frontseite die Positionierung aufgemalt ist und auf der Rückseite die Preisgarantie, damit jeder weiss, er kriegt die Leistung genau zum gleichen Betrag wie jeder andere.

Der Kunde versucht erfahrungsgemäss nur dann zu handeln, wenn er weiss, dass es überhaupt einen Spielraum gibt. Wer davon ausgeht, dass der Preis fest ist für jeden, der akzeptiert ihn doch in jedem Fall.

Das Geld kann ohnehin nicht das Problem sein; es war noch nie so viel im Land. Die Weltkriegsgeneration tritt langsam ab; es kommt die Erbengeneration, es kommen die Kindserben von allen Seiten: Hier eine Eigentumswohnung, da ein Aktienpaket und dort ein Sparkonto ...

Wenn Sie heute «special interest magazines» aufschlagen, das Uhrenmagazin beispielsweise, da beschwert sich doch ein Student über eine Patek Philippe mit einer springenden Stunde, die er sich für DM 52 000,– gekauft hat. Aber er beschwert sich nicht über den Preis, sondern weil er drei Jahre darauf hat warten müssen oder vorher zehn Läden abklapperte, bis er sie fand. Das Geld, das ist vorhanden, nur sucht sich der Kunde heute einfach besser aus, wo er es ausgibt.

Seit Jahren haben wir einen Preis für alle, keine Group-rate, keine Corporate-rate – ich mache halt einfach nicht mit. Ich kann Sie versichern, deswegen keinen einzigen Gast verloren zu haben, selbst in der Rezession nicht.

Preis im Sandwich

Verpacken Sie Ihren Preis nach der Sandwich-Technik; in der Mitte ist der unangenehme Preis; dann kommt unten eine Scheibe Brot hin und oben noch eine schöne drauf; dann isst man den mit, ohne dass man's merkt.

Sie wollen wissen, wie? Indem Sie in die Preisliste hineinschreiben, was denn im Preis alles mit enthalten ist. Weltmeister in diesem Zusammenhang war der Hähnchenkönig Jahn. Bei dem stand schon vor bald 30 oder 40 Jahren auf der Speisekarte: «Ein knusprig-gebratenes, goldbraunes halbes Hähnchen serviert mit einem frischen Zitronenschnitz ...»

Es ist halt ein Unterschied, ob Sie schreiben «Kir 8,50 DM» – «drei Buchstaben für 8 Mark fünfzig?», fragt der Gast – oder ob Sie schreiben: «Kir – schwarzer Johannisbeerlikör (Crème de Cassis) aufgefüllt mit eiskaltem trockenen Sekt und serviert in einer Flöte von Riedel!» So haben Sie die DM 8,50 wunderbar abgedämpft.

Ich zeige Ihnen ohne weitere Bemerkungen, wie die Preisliste bei uns kommentiert ist (siehe nächste Seite):

Lieber

WIR MÖCHTEN, DASS IHR AUFENTHALT BEI UNS ZU EINEM ERLEBNIS WIRD.

Ihre Ankunft feiern Sie mit einem unserer spritzigen Welcome-Drinks, deren Zusammensetzung mit den Jahreszeiten wechselt, und die Sie auf die kommenden Genüsse vorbereiten sollen.

Denn bei uns können Sie nach Herzenslust genießen - für Ausgleich ist gesorgt, ob Sie sich nun lieber gemütlich in unserer Sauna fitschwitzen oder in unserem Mini-Fitness-Center, dank Home-Trainer und Ruderbank auf den nächsten Triathlon vorbereiten wollen.

Mit den hauseigenen Fahrrädern können Sie natürlich auch ganz geruhsam durch die umliegenden fränkischen Dörfer radeln.

Wenn Sie Ihren Sinnen lieber etwas Erholung gönnen möchten, dann führt Sie der Weg zur inneren Mitte vermutlich in unseren Meditationsraum. Im halben Lotussitz und auf dick gepolsterten Kissen das Rad der Zeit anhalten.

Das Fernsehprogramm müssen Sie nicht selber visualisieren, in Ihrem Zimmer wartet Kabel-Color-Fernsehen. Für die Gestaltung Ihres Wunsch-Programmes steht Ihnen ein Videorecorder sowie die Hotel -Videothek mit einer großen Film-Auswahl zur Verfügung.

Und wenn Ihnen nichts über ein gutes Buch geht, finden Sie in der hauseigenen Bibliothek bestimmt auch eine Lektüre, für die Sie sich schon immer etwas Zeit nehmen wollten.

Gast,

NUTZEN SIE DESHALB DIE ANGEBOTE, DIE IN UNSEREN PREISEN ENTHALTEN SIND.

Zu Shakespeare dann vielleicht eine Klaviersonate von Beethoven, oder lieber Handke und die Rolling Stones? Ihre hochwertige Zimmer-Hifi-Anlage mit CD-Player, zusammen mit einem ausgewählten Angebot an Tonträgern, machts möglich.

Wenn Sie dann nach einem kühlen Schlummer-Trunk aus Ihrer Mini-Bar ins Land der Träume gleiten, werden Ihnen feinste Daunendecken und Bettwäsche aus reinen Naturfasern, den vorübergehenden Abschied von all den Annehmlichkeiten leichter machen (übrigens: die Wände in Ihrem Zimmer sind ausschließlich mit Naturfarben behandelt).

Zur Unterstützung reichen wir Ihnen noch ein "Betthupferl" in Form eines speziell ausgewählten Musikstücks auf CD.

Aber keine Angst - Sie werden am nächsten Morgen pünktlich geweckt, sei es durch den Zimmerwecker oder auf Wunsch auch persönlich.

Ihr Fahrzeug steht in all dieser Zeit trocken und sicher in einer unserer Tiefgaragen.

Um den ersten Stunden des Tages den richtigen Flair zu geben, lassen Sie sich am besten von unserem reichhaltigen Frühstücksbuffet wachküssen. Gesunde und vollwertige Leckereien machen Ihnen den Einstieg in den neuen Tag leichter. Vor Ihren Augen werden frische Brötchen entstehen und die Welt wird sich in ein Frühstücks-Schlaraffenland verwandeln.

Und Ihre individuellen Sonderwünsche betrachten wir nicht als Belastung, sondern als Herausforderung, um Ihnen zu zeigen, daß es sich immer lohnt dem Besonderen Vorrang zu geben.

Die Pauschal-Kuh

Ich rate, von Pauschalpreisen abzugehen. Mit Pauschalen rücken Sie sich selber in den Bereich von Sonderpreisen, von Aktionen, was ich Ihnen an einem Beispiel veranschaulichen möchte.

Da kauft ein amerikanischer Bauer ein Auto, und er ärgert sich über die vielen Nebenkosten, das separate Berechnen diverser Extras. Jetzt kauft der Autohändler beim Bauer eine Kuh und kriegt's mit folgender Rechnung heimgezahlt:

Kuh, Sparmodell	$ 100
zweifarbig, schwarz-weiss	+ $ 45
Fliegenwedel halbautomatisch	+ $ 35
Düngevorrichtung vollautomatisch	+ $ 45
usw ...	
Total-Kuh in der gewünschten Ausfertigung	$ 540

Bleiben wir beim Beispiel Kuh. Es gibt nun zwei Arten, die Kuh zu verkaufen. Ich kann sagen: «Pauschal-Kuh in der gewünschten Ausfertigung $ 540.» Doch da meldet sich mein Bauch – und Marketing hat ja auch etwas mit Bauch zu tun – und sagt: «$ 495, und nur dieser Betrag ist erzielbar.»

Ich kann den Spiess auch umdrehen, indem ich dem Kunden die Pauschal-Kuh in dieser Art gar nicht zeige, sondern nur die Bausteine; dann kann er nämlich selber heraussuchen, was er haben will. Bei diesem Vorgehen ist die Preisempfindlichkeit nicht mehr so hoch.

So gibt es bei uns keine Tagungspauschalen, sondern nur Tagungsbausteine. Auf der einen Seite bieten wir die Hotelzimmer mit den entsprechend separaten Preisen an, und auf der anderen Seite gibt es die Raummiete für die Tagung. Jetzt kommt einer und sagt: «Wenn ich mit 32 Leuten auf der einen Seite wohne, dann zahle ich doch auf der anderen nicht auch noch Raummiete!» Dann frage ich ihn, ob er mit Saddam Hussein verwandt ist: «Was hat denn Kuwait mit Israel zu tun?» Das sind doch zwei verschiedene Paar Stiefel. Wenn ich als Hotelier einen Tagungsraum baue mit 80 m² Grösse, dann binde ich doch damit das Kapital für zwei bis drei Hotelzimmer; also muss ich jeden Tag die Miete hineinbringen, die mir sonst drei Hotelzimmer abdecken würden.

Die Kundenfeindlichkeit der Pauschale

Auch in der Ferienhotellerie ist von Pauschalen abzuraten. Der Sohn von Hans C. Leu vom Giardino in Ascona, Hitsch Leu, führt in Arosa ein kleines Ferienhotel. Er bietet weder Halb- noch Vollpension an, noch ist dort das Frühstück im Zimmerpreis inbegriffen.

Wenn man sich die Trends in Erinnerung ruft, dann hat dieser junge Ferienhotelier doch völlig recht. Stellen Sie sich vor, Sie checken an einem solchen Wintersportort im Hotel ein; jetzt «versacken» Sie nachts in der Disco bis morgens um 4 Uhr. Sollen Sie sich jetzt den Wecker stellen müssen auf 9.30 Uhr, damit Sie das teure Frühstück noch einnehmen können? Da ärgern Sie sich doch nur, und dies zu Recht. Also lassen Sie es einfach ausfallen, wenn – ja wenn Sie es nicht bezahlen müssen.

Einen anderen Tag lernen Sie beim Après-Ski junge Leute kennen, die Sie gleich zum Raclette einladen. Sie sagen: «Na fein», und gehen hin. Im Hotel müssen Sie nicht bezahlen, wenn – ja wenn Sie nicht zu Pauschalpreisen verpflichtet worden sind.

Auch ein Hotelrestaurant muss halt so gut sein, dass es mit Gästen von aussen leben kann. Bei uns fragen wir jeden bei der Buchung des Zimmers, ob er auch bei uns essen will. Sagt er uns, er wisse es nicht, dann kriegt er in der Regel keinen Platz, weil wir voll sind.

Die Ent-Traditionalisierung heisst eben, dass wir keine Autoritäten mehr akzeptieren; und solche Pauschalpreise sind Autoritäten, denn es werden Ihnen zum vorneherein gewisse Dinge mitdiktiert, um welche es Ihnen gar nicht geht. Das schlucken viele nicht mehr.

Unterstützung durch Kunden – Testimonials

Weiter rate ich Ihnen, vermehrt mit Testimonials zu arbeiten, mit Aussagen von möglichst bekannten Kunden oder Gästen, die zu Ihren einzelnen Leistungsbereichen Stellung nehmen. Wenn wir im Tagungsbereich einem Neukunden ein Angebot schicken, dann legen wir den sonstigen Unterlagen einen Flyer bei mit den Aussagen berühmter Trainer: Josef Schmidt aus Bayreuth; Gerhard Reichel, Rhetorik-Trainer; Professor Seiffert; und so weiter. Das hat einen viel grösseren Stellenwert, als wenn ich sage: «Wir sind die Besten!» – glaubt eh keiner.

Ich bin sehr stur in Preis-Fragen. Natürlich kann ich nicht ausschliessen, dass auch wir diese Heilige Kuh «Preis» eines Tages schlachten und von unseren Grundsätzen abweichen müssen. Es kommt immer auf die Rahmenbedingungen an. Eine Rezession ist aber kein Argument hierfür. Ich betone dies deshalb, weil es im gesamten Marketing-Bereich keine Heiligen Kühe geben darf. Der Markt entscheidet – immer!

Preispolitik nach Deckungsbeitrag

An diesen Preisgrundsätzen erkennen Sie, dass ich ein Gegner des Yield-Managements sein muss. Sie wissen, dass man sich da fragt, wie hoch denn die Gestehungskosten beispielsweise eines Zimmers sind, die Selbstkosten, wenn es leersteht. Man kommt vielleicht auf 25 Mark, denn die Heizung wie der Kapitaldienst laufen sowieso. Also rechnen Sie dort nur 20 Minuten Reinemachen, DM 6,50 Wäscherei, DM 6,50 Frühstück und kommen so auf 25 Mark mit dem Dusch-DAS. Die Yield-Manager sagen sich: «Wenn ich jetzt das Zimmer für 26 Mark verkaufe, habe ich immer noch eine Mark Deckungsbeitrag.» Mit genau dieser Methode schiessen sich derzeit die Airlines eine nach der anderen vom Himmel.

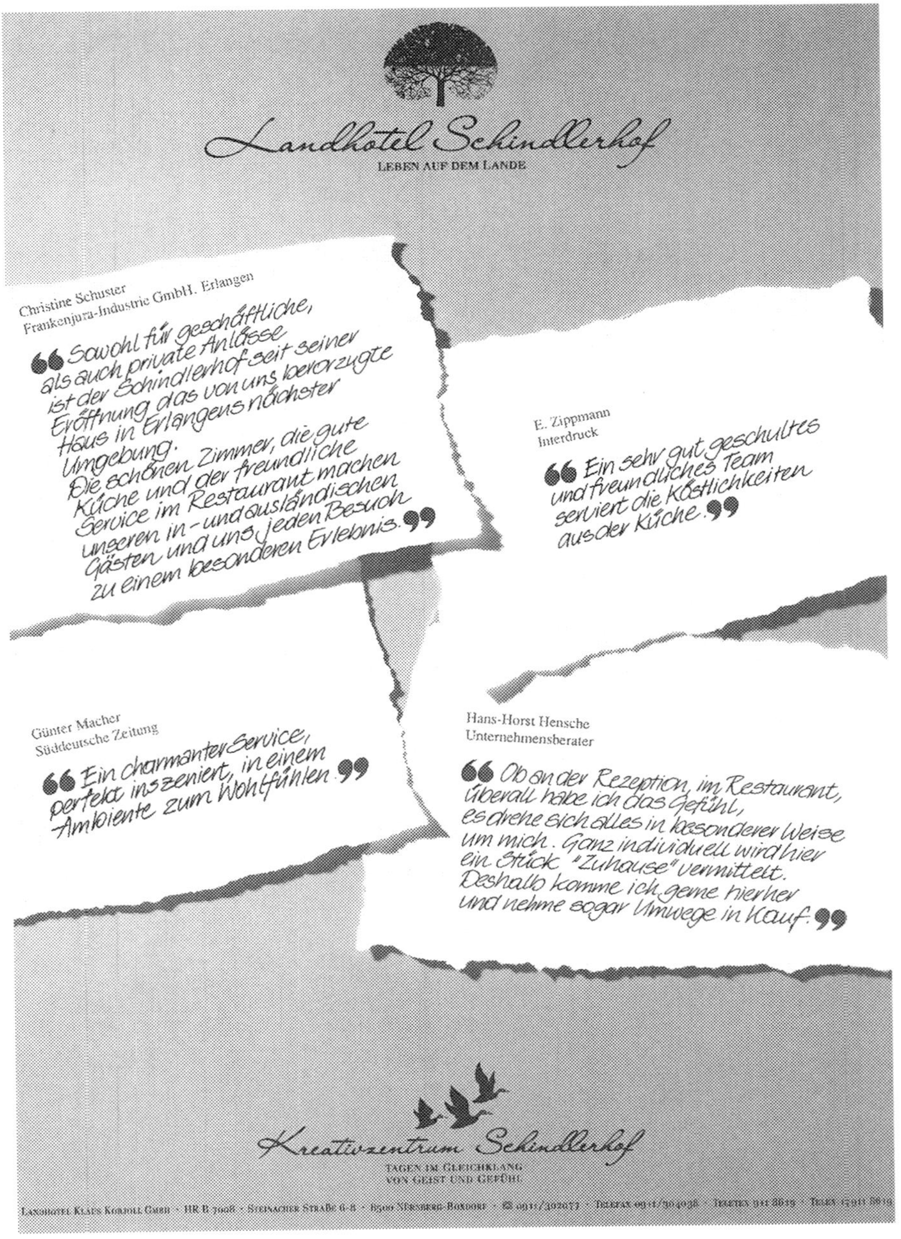
Landhotel Schindlerhof
LEBEN AUF DEM LANDE
Christine Schuster
Frankenjura-Industrie GmbH. Erlangen
"Sowohl für geschäftliche, als auch private Anlässe ist der Schindlerhof seit seiner Eröffnung das von uns bevorzugte Haus in Erlangens nächster Umgebung.
Die schönen Zimmer, die gute Küche und der freundliche Service im Restaurant machen unseren in- und ausländischen Gästen und uns jeden Besuch zu einem besonderen Erlebnis."
E. Zippmann
Interdruck
"Ein sehr gut geschultes und freundliches Team serviert die Köstlichkeiten aus der Küche."
Günter Macher
Süddeutsche Zeitung
"Ein charmanter Service, perfekt inszeniert, in einem Ambiente zum Wohlfühlen."
Hans-Horst Hensche
Unternehmensberater
"Ob an der Rezeption, im Restaurant, überall habe ich das Gefühl, es drehe sich alles in besonderer Weise um mich. Ganz individuell wird hier ein Stück "Zuhause" vermittelt. Deshalb komme ich gerne hierher und nehme sogar Umwege in Kauf."
Kreativzentrum Schindlerhof
TAGEN IM GLEICHKLANG
VON GEIST UND GEFÜHL

Ich kann Ihnen ein brandneues Müsterchen hiervon erzählen. Ich sass in der Business-Class einer Airline und habe für einen Weekend-Flug DM 1100,– bezahlt. Neben mir schwitzt einer und sagt: «Ich kann leider nur schnell für eine Nacht dort bleiben, und morgen habe ich wieder eine Sitzung, deshalb muss ich sofort wieder zurück!» – also Business-Class für DM 2800,–.

Hinter mir grinst einer und sagt: «Hähä, ich nehm' immer einen «last-minute», komme mit meinem Koffer in den Flughafen und frage: «Na, was haben wir denn heute Schönes? New York? Gebucht! Nehm' ich!» – DM 800,–!

Kommt der letzte und hält sich den Zeigefinger ans Auge: «Stand-by müsst Ihr nehmen. Ich komme fast immer mit!» – DM 500,–!

Und den letzten beissen die Hunde, aber täuschen Sie sich nicht, es wird kein Kunde sein, sondern mit Bestimmtheit eine Airline!

Nehmen Sie diese und weitere Möglichkeiten wahr, die Preissensibilität beim Kunden etwas zu dämpfen. Und stehen Sie zu Ihren Preisen! Wenn Sie gut sind, dann kriegen Sie auch Ihr Geld dafür.

Öffentlichkeitsarbeit – die Pinguine

Ein nicht gestaltetes Thema interessiert die Presse nicht.

Das Leben besteht aus Brot ***und*** *Spielen; vergessen Sie deshalb nicht, dass es auch noch Positives gibt.*

Ausgangspunkt: Gerümpel

Eine Rubrik für den Monatsbericht der AbteilungsleiterInnen heisst: «Die Idee des Monats – mein kreativer Beitrag zum Firmenerfolg ...»

Da schrieb mir eine Abteilungsleiterin eines Monats, unser Dachboden sei voller Gerümpel, voller Stühle, ausrangierter Tische und alter Deccos, die keiner mehr bräuchte; sie schlage vor, für die Gäste einen Flohmarkt zu veranstalten; dann hätte man oben wieder mehr Platz und vielleicht noch ein paar Mark in der Kasse.

Für PR bin ich im Hause zuständig; ich fand die Idee gut genug, um pressemässig etwas daraus zu machen.

Nun gibt es einen alten McKinsey-Ansatz, den man berücksichtigen muss. Wenn Sie ein Thema gefunden haben, dann müssen Sie es zuerst gestalten, und zwar nicht nur ein bisschen, sondern in solcher Qualität, dass Sie daran Freude haben und es richtig gut finden; erst dann dürfen Sie das Thema kommunizieren. Ein nicht gestaltetes Thema interessiert die Presse nicht.

Die Vermittler: Pinguine

Das Thema war gefunden: Flohmarkt. Bevor wir nun an die Gestaltung gegangen sind, haben wir uns überlegt, was wir mit dem Erlös machen wollten. Wir entschieden uns für Spenden. Spenden wofür? Es kamen zuerst die üblichen Ideen: Aktion Sorgenkind oder Hungerhilfe für Bosnien. So brutal das klingen mag: Beides ist natürlich ungeeignet, da negativ besetzt.

Das Leben besteht aus Brot **und** Spielen; es gibt auch noch positive Sachen. Selbstverständlich müssen wir mit Spendengeldern immer wieder Katastrophenhilfe leisten, wenn es uns gutgeht; aber tun Sie es aus Ihrem Unternehmerlohn und still; für Öffentlichkeitsarbeit eignet sich das nicht, denn die Leute wollen nicht immer nur Hiobsbotschaften lesen.

Deshalb haben wir uns ein positives Thema gesucht, welches – dies die zweite Vorbedingung – auch noch einen Bezug zur eigenen Branche aufweist. So entschieden wir uns, für die Pinguine im Nürnberger Zoo zu spenden. Pinguine sind positiv besetzte Tiere, Sympathieträger. Im Gegensatz zu den Delphinen hat hier auch keiner etwas dagegen, dass sie im Zoo gehalten werden. Daran sehen Sie übrigens, dass Sie die Auswahl des Partners genau unter die Lupe nehmen müssen.

Einen Bezug zu meiner Branche weisen Pinguine in zweierlei Hinsicht auf. Zum einen sind wir froh, dass die Pinguine in der Hotellerie am Aussterben sind – die «Be-frackten» hätten schon längst in den Zoo gehört –, und wir freuen uns, dass sie dort weiterleben. Zum anderen sind Pinguine ausgesprochene Feinschmecker; der Fisch kann nicht frisch genug sein, was ihre Haltung im Zoo auch so teuer macht.

Daraus ergab sich automatisch die Gestaltung des Themas: Jeder Flohmarktstand musste von einem Mitarbeiter im Schwalbenschwanz bedient werden, mit Jeans, weissen Reeboks und weissen Handschuhen. Bamberger Symphoniker spielen klassische Musik, natürlich auch im Schwalbenschwanz; Essen und Trinken mussten ausgerichtet sein auf Fisch und Feinschmeckertum.

Start zur Kommunikation

Jetzt war das Thema wirklich gestaltet und wir gingen dazu über, das Thema zu kommunizieren. Es haben zwei oder drei Telefonate genügt, und schon hatten wir eine halbe Seite in der Abendzeitung – bayernweit mit Foto unter dem Titel: «Flohmarkt soll den Pinguinen auf die Watschelbeine helfen.» Und für diese halbe Seite hätte ich im Rahmen von Werbung schon eine ganz schöne Stange Geld hinblättern müssen. Jetzt sahen wir, dass unser mentaler Anker voll gesessen hat.

Aufgrund dieser halben Seite sind bereits einige private Rundfunksender an uns herangetreten – und die wollten Interviews. Aber nicht mit mir, sondern mit den Lehrlingen, denn die waren zuständig für die Umsetzung, für die Durchführung dieses Flohmarktes, und die haben das Ganze auch gestaltet. Die Azubis wurden dann beispielsweise gefragt: «Sie machen als Lehrling nächste Woche diesen Flohmarkt. Kriegt Ihr da Geld dafür?» «Ne, das machen wir freiwillig, machen wir in unserer Freizeit!» «Werden Sie da nicht ausgenutzt?», war eine weitere Frage. «Unheimlichen Spass macht uns das, eine Freude, kann ich Ihnen sagen, mit meinen Arbeitsfreunden so etwas zu veranstalten!»

Erfolg ohne Werbung

Nun kam der Tag langsam näher, und ohne jedes Dazutun hatten wir am Tag vorher nochmals eine halbe Seite in der Abendzeitung. Die schickten zum zweiten Mal einen Fotografen und titelten: «Auf geht's zum Flohmarkt für Tiere.»

Um elf Uhr am Sonntag hätte es dann losgehen sollen. Obwohl wir im Ort kein einziges Plakat aufgehängt hatten, gingen bereits um halb neun die ersten 50 Leute im Hof auf und ab. Um elf war der Ort zugeparkt. Mir sagten Stammgäste später, sie hätten kommen wollen, doch sei ein Einbiegen in den Ort gar nicht mehr möglich gewesen.

Wir öffneten um elf die Garagentore und schätzten, dass innerhalb von zehn Minuten so um die 1500 Leute eingebrochen sein mussten, wobei wieder sehr viele Presseleute darunter waren.

Wir hatten nach einer Dreiviertelstunde praktisch das ganze «Geraffel» aus dem Dachstock los, 19 200,– Mark in der Kasse, und anderntags titelten die Zeitungen wieder mit Bild: «Auf einen Schlag DM 10 000,– für Zootiere.» Die Unkosten waren eingespielt, die Bamberger Symphoniker angemessen belohnt, und wir hatten immer noch genug übrig für die Spende.

PR-Gehalt voll ausschöpfen

Auch in dieser Berichterstattung interessierte sich niemand für mich; Gäste kamen zu Wort, Promis wurden da zitiert, und den Lehrlingen fragten sie ein Loch in den Bauch. Und woher kam die Idee? Von einer jungen, motivierten Abteilungsleiterin – ein weiterer Beleg dafür, wie sich Motivation der Mitarbeiter für den Betrieb unmittelbar auszahlt.

Nun war für mich diese Idee «Dachboden-Leeren» noch nicht ausgereizt. Wir fragten uns nun: Was können wir machen, um die Scheck-Übergabe im Zoo so gut zu gestalten, dass sich das Fernsehen dafür interessiert? Die Führungsmannschaft ist kurz zusammengesessen; einer sagt: «Mensch, ich hab's!», und liefert eine Drehbuch-konforme Idee. Sie war ganz einfach: Wir würden einen der Pinguine einige Meter von der Gruppe entfernen, ihm den Scheck unter den Flügelarm klemmen, und – das wussten wir vorher – dieser würde natürlich nichts anderes im Sinn haben, als möglichst schnell wieder zu seinen Kollegen zurückzuwatscheln.

Daraufhin haben wir RTL angerufen, und die sagten uns am Telefon: «Wehe, Sie übergeben den Scheck, bevor unser Kamerateam da ist; das würden wir Ihnen nie verzeihen!»

Dann: Fernsehtermin für die Pinguine! Wir holen einen dieser nordischen Kellner weg von der Gruppe, müssen den Scheck nicht einmal festkleben, weil der Kleine so verklemmt war, dass das Papier von alleine hielt, und kaum war er losgelassen, rannte er natürlich sofort zu seiner Gruppe zurück.

Die Leute vom Fernsehen fanden die Bilder so geil, dass sie das Ganze zweimal nacheinander als Eye-catcher vor den Nachrichten brachten. Zweimal 4,5 Mio. Zuschauer! So leicht ist Öffentlichkeitsarbeit.

Integriertes Event-Marketing

Die Umsetzung integrierten Event-Marketings bedarf thematischer Konsequenz. Wenn Sie einfach auffallen und beeindrucken wollen, dann ist das nicht nur ungenügend, sondern kontraproduktiv.

Gute Kommunikation kostet im Vergleich zur Werbung fast nichts.

Manager-Fehler Nr. 1: Sich verschleissen lassen durch Routine-Arbeiten. Nur wer delegieren kann, hat die nötige Ruhe, Gelassenheit und Zeit für kreative Ideen.

Die Theorie zur Pinguin-Idee

Im alten Kommunikations-Mix gab es die drei Instrumente Werbung, Verkaufsförderung und Öffentlichkeitsarbeit. Dann kamen irgendwann noch zwei Instrumentchen dazu: Product-placement und Sponsoring. Das ist heute schon wieder Schnee von gestern, denn heute spricht man in der Kommunikation von den Komponenten des integrierten Event-Marketings.

Es gibt nach wie vor die klassische Werbung und auch die Verkaufsförderung; beides kann wichtig sein. Aber alles andere sind einzelne Komponenten, die Sie zur Anwendung bringen können.

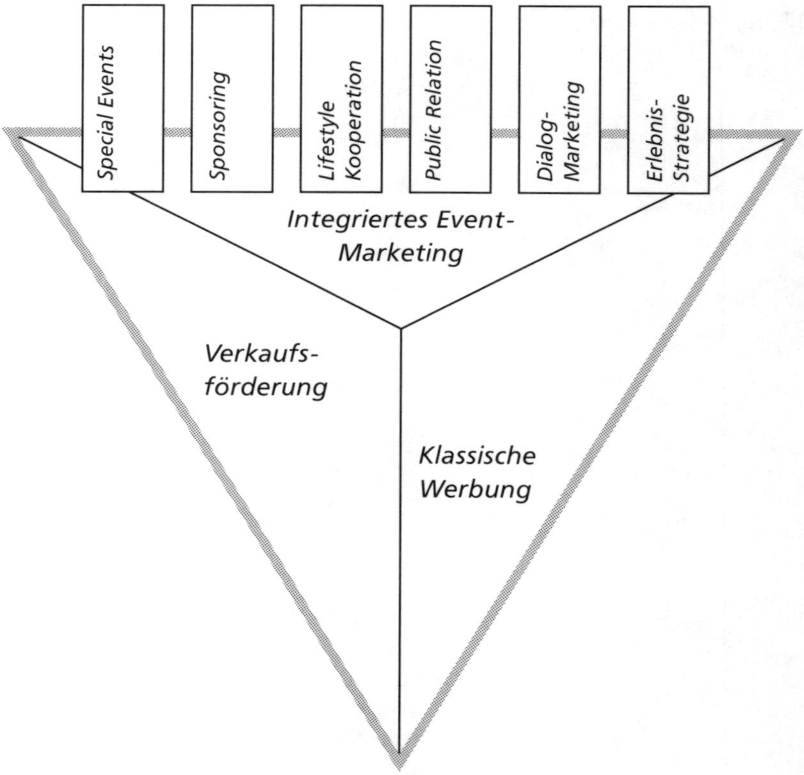

Als wir die Sache mit den Pinguinen gemacht haben, da habe ich vom integrierten Event-Marketing noch gar nicht alles gewusst; da war einmal mehr viel Bauch dabei, und die Theorie habe ich mir nachher angeeignet. Wir konnten nachher erkennen, dass die Pinguin-Idee ganz genau so abgelaufen ist. So hatten wir einen «special event», nämlich den Flohmarkt. Dann suchten wir einen Sponsor-Partner und fanden den Pinguin. Daraufhin gingen wir eine «life-style-cooperation» ein mit der Welt der klassischen Musik, mit den schwarzweissen Schwalbenschwänzen. Das gestaltete Thema wurde dann kommuniziert: Public Relations.

Daraus resultierte automatisch ein Dialog-Marketing. An mir waren die Leute nicht interessiert; die wollten Dialoge führen, Dialoge mit Kunden, mit Mitarbeitern; Chefs «babbeln» sonst schon genug in den Medien; es ist viel interessanter, Azubis zu Wort kommen zu lassen; da entstehen wirkliche Dialoge.

Und das Ganze war eingebettet in eine Erlebnis-Strategie.

Erntedankfest

Auch unser Fest vom Herbst 1994, an dem wir rund 1000 geladene Gäste im Schindlerhof hatten, funktionierte nach dem gleichen Muster; ich habe am Anfang des Buches bereits davon erzählt.

Der «Erntedank» stellte unseren Special-Event dar, passte wunderbar in den Herbst, ebenso die Sonnenblume als Eintrittskarte und Tausende von Sonnenblumen als Dekoration.

Wir hatten einen Topf von DM 200 000,– gesammelt, welchen wir in Form von Seminar-Gutscheinen spendeten, um aus Bauern landwirtschaftliche Manager zu machen, um Bauern wegzubringen vom Tropf der EU; und das Ganze lief ab nur wenige Wochen vor den Wahlen. Wir hatten uns also ganz genau überlegt, was wir da sponsern würden.

Wir überreichten den Scheck in übergrosser Form, fast zwei Meter breit, dem Präsidenten des Bauernverbandes.

Ich hatte eine Staatssekretärin vom Landwirtschaftsministerium dabei, die sich auch als Rednerin unter sechs anderen zur Verfügung stellte.

Dann sind wir eine Life-style-cooperation eingegangen, indem wir als Thema wählten «Das bäuerliche Leben um die Jahrhundertwende». Folgerichtig, dass all unsere Mitarbeiter schön trachtig, in Lederhosen oder im englischen Country-Stil daherkamen.

Wir setzten dann noch eins drauf und brachten einen vollständig restaurierten feuerroten Porsche-Traktor Jahrgang 59 im Rahmen einer amerikanischen Versteigerung an den Mann. Die Versteigerung lief in 20-Mark-Schritten, und der Traktor brachte uns in einer halben Stunde DM 3600,–; wir konnten gar nicht schnell genug umher rennen, um all die Geldscheine einzusammeln. Der Mann, der ihn letztlich erhielt, der hatte so gegen DM 500,– investiert, weil er ihn unbedingt haben wollte, aber er erhielt mit diesem Porsche junior einen Gegenwert von sicher mehr als DM 4000,–.

Dann haben wir auch wieder PR gemacht; ich hatte elf Journalisten da, diesmal allerdings nur das Regionalfernsehen. Nach den Reden gab es eine kleine Pressekonferenz. Es wurden wieder Dialoge geführt; alle möglichen Leute kamen zu Wort.

Das Ganze war wieder eingebettet in eine Erlebnis-Strategie, wobei Sie hier mindestens zweierlei wieder beachten müssen. Zum einen müssen Sie solche Anlässe mit einer gewissen thematischen Konsequenz gestalten. Wenn Sie einfach auffallen, einfach beeindrucken wollen, dann ist dies meist nicht nur ungenügend, sondern kann durchaus kontraproduktiv sein; mit allem, was Sie tun, müssen Sie innerhalb der thematischen Vorgaben bleiben.

Zum anderen müssen solche Anlässe zum Ziel haben, für die Beteiligten unvergesslich zu werden. Wenn zwei Promis an unserem Erntedankfest 94 eine Diskussion führten über die EG-Norm 200, die

Normierung der Kondome, und die beiden sich zwei Jahre später wieder treffen und nicht mehr wissen, wo sie hierüber gesprochen hatten, dann habe ich etwas falsch gemacht. Das wird im konkreten Fall kaum so sein, denn den Zweien werden doch sofort die Bilder vor dem inneren Auge wieder ablaufen mit all den Sonnenblumen, den Trachten, und sie werden sich sofort in unserem blumig dekorierten Innenhof wieder diskutieren sehen. Wenn all die Sonnenblumen nicht gereicht haben sollten, dann hilft der mitten im Hof stehende Porsche-Traktor dem Gedächtnis bestimmt auf die Sprünge.

Ich hatte am Tag nach dem Erntedankfest einen Termin in Wien, und bereits im Flieger konnte ich die Resonanz geniessen, die unser Anlass in den Medien gefunden hatte. Die «special interest magazines» für Landwirte folgten naturgemäss zeitlich verschoben, haben die Sache aber genauso aufgegriffen.

So läuft heute Kommunikation. Sie kostet im Vergleich zur Werbung fast nichts; wenn man den entsprechenden Platz in den Printmedien und die Radio- und Fernsehminuten bezahlen müsste, würden dafür nicht nur die Gewinne, sondern wohl ganze Teile des Umsatzes draufgehen; das kann sich gar niemand leisten. Und die effiziente Öffentlichkeitsarbeit macht erst noch viel mehr Spass als Werbung.

Hindernde Routine-Arbeiten

Eine Voraussetzung müssen Sie als selbständiger Unternehmer allerdings zuerst erfüllen, wenn Sie mit dem Instrument Öffentlichkeitsarbeit effizient wirken wollen: Sie müssen sich frei machen von Routine-Arbeiten und dürfen sich dadurch nicht mehr verschleissen lassen – dies der Managerfehler Nr. 1.

Wer sich mit Routine-Arbeiten eindecken lässt, diese nicht delegieren kann, von einem Kunden zum anderen hetzt, nur noch Termine einhalten will und muss, der ist nicht kreativ genug für solche Ideen, weil er äusserlich die Zeit hierzu nicht hat und ihm innerlich die nötige Ruhe und Gelassenheit fehlen.

Ich bin überzeugt, dass praktisch jeder von uns mittelständischen Unternehmern ansonsten alle übrigen Voraussetzungen zum Betreiben solcher Art der Kommunikation besitzt. Jeder einzelne von uns ist hochkreativ, wenn er es fertigbringt, sich abzukoppeln und das Schildchen draussen vor der Tür auf «Achtung Kernzeit – bitte nicht stören» zu drehen. Sie flegeln die Füsse auf den Schreibtisch, haben ein Glas Champagner neben sich, und es fallen Ihnen die Ideen nur so zu, wie Sie zum Beispiel Ihren Silvester 2000 gestalten könnten.

Leistungen

Die Krux in vielen Branchen ist, dass die Investoren
oft ganz andere Leute sind
und andere Interessen haben als die Betreiber.

Wenn Sie konstant mit zwei oder drei kraftvollen SEPs arbeiten,
dann wird der Preis auch in Ihrem Marketing-Mix
zum Tropfen Angostura.

Selbständig ...

Kommen Sie weg von der eierlegenden Wollmilchsau. Dies gilt zwar nicht nur für uns Hoteliers, aber die Problematik lässt sich in meiner Branche sehr schön zeichnen.

Die grösste Krux in unserer Branche wie in vielen anderen ist die, dass die Investoren in der Hotellerie oft ganz andere Leute sind, ganz andere Interessen haben als die Betreiber. Da kommt ein Investor und sagt: «Jetzt bauen wir mit diesem Hotel einmal ein multifunktionales Gebäude; wenn's als Hotel nicht läuft, dann machen wir halt ein Altersheim draus – der Staat wird's uns denn schon abkaufen. Und für den Fall, dass gar nichts mehr geht, bauen wir einfach die Fenster in der Höhe so, dass man jederzeit eine Lkw-Rampe draus machen könnte.»

Daher meine Empfehlung vor allem an die jungen Hoteliers: Machen Sie sich selbständig; geben Sie nicht eher Ruhe, bis Sie Ihre eigenen Mauern haben. Ein Pachtunternehmer ist immer ein Unternehmer zweiter Klasse. Ich weiss, wovon ich spreche, weil ich immerhin elf Mal Pächter war.

... und hochspezialisiert

Und dann, wenn Sie es geschafft haben, dann bauen Sie etwas Hochspezialisiertes, denn mit einer eierlegenden Wollmilchsau können Sie gleich bis ans Lebensende Pächter bleiben. Die Spezialisierung können Sie in irgendeinem Bereich wählen, sei dies im Ferienhotel- oder im Tagungsbereich, wie wir.

Sie können auch im Bereich «volkstümliche Gastronomie» hochspezialisiert sein, aber dann lassen Sie bitte die anderen Sachen weg. Es kann sogar einer hochspezialisiert sein auf Omnibusse. Allerdings stelle ich mir dann ein Hotel vor, wo der Omnibus andockt wie beim Flughafen, damit sich die Leute nicht verlaufen können; dass der Bus entsorgt wird und versorgt wird, während die Leute essen; in dieser Zeit müssen die chemischen Toiletten saubergemacht und müsste auch sonst alles gereinigt werden wie im Flugzeug; und dann würden die Leute am Kiosk vorbeigehen und wären schon wieder im Bus drin. Da, in der hohen Spezialisierung, da sehe ich halt die Zukunft, und da liegt sie auch!

Der Tropfen Angostura

Noch ein Kernsatz zum Thema Marketing-Mix:

> ***«Wer keine deutlichen, schwer kopierbaren und dauernd beweisbaren Wettbewerbsvorteile aufweist, kann den Wettbewerb nur über den Preis führen.»***

Unterschätzen Sie die Wichtigkeit der Marketing-Strategie nicht. Sie müssen deutlich erkennbar besser sein. Früher hat man gesagt, ein bisschen besser als der andere, das würde reichen. Das ist falsch: Es reicht nicht mehr! Das kleine Bisschen-Besser registriert keiner.

Sie brauchen zwei oder drei SEPs, die niemand so über Nacht nachmachen kann. Wenn Sie das aber haben, dann ist der Preis auch in Ihrem Marketing-Mix der Tropfen Angostura. Je austauschbarer die Leistungen sind, desto mehr müssen Sie mit dem Regulativ Preis arbeiten, und das macht keinen Spass.

Mitarbeiter-Konzept

Die grösste Management-Leistung aller Zeiten ist der Aufbau des Römischen Reiches. Drei Merkpunkte stechen hervor: Cäsar wählte den Feldherren sorgfältig aus, gab ihm alle Informationen, die auch er hatte, und liess ihn gewähren, nachdem dieser loszog (frei nach Tom Peters).

Die neuesten Erhebungen zeigen, dass wir von unserer Gesamtlebenszeit gerade noch 8 % arbeiten. Da brauchen wir uns nicht zu wundern, wenn unser Standort langsam kaputtgeht.

Eine ausgelebte schlechte Laune des Mitarbeiters im Dienstleistungsbereich ist nichts anderes als Körperverletzung am Kunden.

Begeisterung für den Beruf ist durch nichts zu ersetzen.

Kostenloses Wirken

Ich kann das Thema Mitarbeiter-Konzept nicht auslassen, erlaube mir aber, mich auf die meines Erachtens wichtigsten Darlegungen zu beschränken.

Mitarbeiter-Konzepte sind gerade in krisengeschüttelten Zeiten besonders wichtig, weil Sie damit kein neues Geld in die Finger nehmen müssen, welches Sie gerade in schwierigen Zeiten ohnehin an anderen Orten brauchen, wenn Sie's überhaupt zur Verfügung haben. Und dass sich gerade die Hotellerie des deutschsprachigen Raumes noch mitten in der Krise befindet, sieht man am Beispiel der Schweiz exemplarisch, wo die Touristik-Branche Anfang Juni 1995 mit einem Hilferuf und der Forderung an die Regierung gelangt ist, den Mehrwertsteuersatz für diesen Sektor auf 2 % gegenüber den sonst gültigen 6,5 % zu senken. Die aktuellen Währungsturbulenzen im Ausgang der sonst schon recht happigen Krise in der Mitte dieses Jahrzehntes, die haben zwar den importabhängigen Produzenten und Konsumenten eine Weihnachtsstimmung beschert, weiten Teilen, insbesondere den deutschen und schweizerischen Dienstleistern, aber schlaflose Nächte bereitet, die Schweizer Grossbanken vielleicht ausgenommen.

Meister-Manager Cäsar

Weil ich das Mitarbeiter-Konzept im Formel-1-Tempo abhandle, beginne ich einmal mehr beim eigenen Betrieb.

Unser gewähltes Ziel: «Wir beschäftigen die besten Mitarbeiter der ganzen Branche.» Um nicht wieder arrogant zu wirken, betone ich, dass dies ein langfristiges Ziel ist. Bei langfristigen Zielen, die in der Unternehmenskultur im Leitbild verankert sind, hat man herausgefunden, dass es uns weniger Freude macht, ein Ziel zu erreichen, als Ziele zu verfolgen. Das **Verfolgen** der Ziele bringt Energie.

Und in diesem Sinne bedeutet unsere obige Zielsetzung, dass wir permanent den Kick dafür kriegen, die 50 besten Mitarbeiter um uns zu scharen. Ob wir sie alle dann tatsächlich haben oder der eine oder andere noch bei einem Konkurrenten ist, interessiert überhaupt nicht.

Die Strategie, die wir anwenden, die besteht in einem knallharten, aber fairen Auswahl-Filter. Mit jedem können Sie das jedenfalls nicht machen.

Tom Peters hat einmal in einem seiner Skunk-Camps, einem seiner Seminare in London, gefragt, was denn die grösste Management-Leistung aller Zeiten gewesen sei. Er gab die Antwort gleich selber: Der Aufbau des Römischen Reiches.

Cäsar hat nur drei Dinge gebraucht. Erstens musste der Feldherr sorgfältig ausgewählt werden; Cäsar konnte nicht den nächstbesten nehmen. Dieser musste – zweitens – alle Informationen kriegen, die Cäsar selber hatte, sonst wäre er früher oder später ins offene Messer gelaufen. Und – drittens – wenn der Feldherr einmal losgezogen ist, dann gab es keine Rückdelegation mehr; er durfte seine eigenen Fehler machen und musste den Alten nie mehr fragen, was auch gar nicht möglich gewesen wäre. So hatte das kleine Dorf in Italien in kürzester Zeit in der ganzen Welt Filialen eröffnet.

Nutzen wir diese Erkenntnis aus, die offenbar schon Cäsar hatte, und entscheiden wir uns für unsere Feldherren nach knallharten Kriterien, aber fair.

Die Mittel und Massnahmen, die hier zu Anwendung gelangen, die nenne ich «Nürnberger Trichter». Oben kommen die Bewerbungen hinein; wir hatten letztes Jahr rund 180, darunter nur zwei aufgrund einer Anzeige in der AHGZ (Allgemeine Hotel- und Gaststättenzeitung), und rund 100 ungefragte, die vor allem aufgrund unseres Mitarbeiter-Prospektes eingegangen waren.

Der Trichter verengt sich, und was unten herauskommt, die vielleicht fünf oder sechs Bewerbungen, das ist die Elite.

Zu diesem Mitarbeiter-Konzept stelle ich nun kurz eine Massnahme nach der anderen vor; wer sich für Details interessiert, kann Motivaction I konsultieren, welches 1993 ebenfalls im Orell Füssli Verlag, Zürich, erschienen ist; dort ist das bis ins einzelne beschrieben.

Die Bewerbung

Wenn eine Bewerbung bei uns hereinkommt, dann stellen wir uns zuerst einmal selber mit allen notwendigen Unterlagen über uns und unser Haus beim Bewerber vor; wir bewerben uns bei ihm. Das ist erstens eine Frage der Fairness, und zweitens sieht der Bewerber, «what makes this company tick» und kann entscheiden, ob er Lust hat, auf höchstem Niveau in einem solchen Laden zu arbeiten. Der Bewerber erhält so viele intime Unterlagen über uns, dass er sich ein vollständiges Bild machen kann.

Keller-Führung und Partneranalyse

Wer sich gleichwohl noch willentlich im Rennen befindet, der kriegt eine Einladung zu einer Hausführung an alle Schandflecken des Hauses; ich garantiere Ihnen, von diesen gibt es in einem denkmalsgeschützten Betrieb eines Gründungsunternehmers unzählige. Ich habe alles Verständnis dafür, wenn der Bewerber nach der Hausführung sagt: «Ich habe mir die Hotellerie anders vorgestellt, besten Dank – das war's!»

Ist der Bewerber nach der Hausführung noch da, dann sitzt er nachher in der Halle und füllt eine ausführliche Partneranalyse aus, ein Instrument aus dem Josef-Schmidt-Colleg in Bayreuth. Dort fragen wir ihn Dinge, die ihm ans Eingemachte gehen. Die Legitimation für diese Fragen leiten wir daraus ab, dass wir selber vorher die Hosen runtergelassen haben. Ich kann nur soviel an Informationen von einem zukünftigen Mitarbeiter erwarten, wie ich vorher von mir zu geben auch bereit war.

Wer das nicht ausfüllen will – der nächste Filter –, der lässt es bleiben. Wir setzen ihn nicht ins Unrecht, und er uns auch nicht; wir passen einfach nicht zusammen.

Augen-Check

Das nächste, was nach der Partneranalyse geschieht, ist ein persönliches Gespräch mit mir, wobei ich nur zwei Dinge herausfinden möchte: Ist die persönliche Sympathie vorhanden und hat der Bewerber leuchtende Augen, wenn über den Beruf gesprochen wird – glow and tingle. Wenn der bei KaDeWe (Kaufhaus des Westens) in Berlin oder bei Harrods in London durch die Lebensmittelabteilung läuft, dann muss er nasse Handflächen kriegen, und dann ist er für den Beruf auch geeignet. Sonst können Sie ihn in der Pfeife rauchen.

Ich habe nach diesem Gespräch ein Vetorecht, das heisst, wenn die Sympathie nicht stimmt oder der Bewerber tote Augen wie ein Karnickel hat, dann geht die Bewerbung zurück. Mache ich vom Vetorecht keinen Gebrauch, dann habe ich keinen Einfluss mehr darauf, wer den Job bekommt.

Arbeitsprobe

Als nächsten Filter absolviert der Bewerber oder die Bewerberin eine zweitägige Arbeitsprobe in der Abteilung, für welche er sich beworben hat. Und danach entscheidet das Team, wen es haben will.

Ausgelassen habe ich das graphologische Gutachten, welches bei uns ebenfalls als Filter verwendet wird. Wir holen zwar eines ein, aber in der Regel sind dessen Ergebnisse nicht entscheidend; sie machen im gesamten Entscheidgefüge vielleicht einen Anteil von 10 % aus.

Der Spielvertrag

Dieser dient uns dann als letzter Filter, der Spielvertrag als Detailregelung des Engagements. Dieses Papier erreicht zwar nicht die Dimension einer EU-Norm, aber es ist sicher umfangreicher als anderswo die sogenannten Arbeitsverträge, und dieser Vertrag fordert dem Einzelnen nun auch in schriftlicher Form einiges ab.

Unter dem Titel «Spielzeit» werden 45- bis 50-Stunden-Wochen in Aussicht gestellt; eine 40-Stunden-Woche ist für mich ein Teilzeit-Job. Die Spielzeit – so steht da ebenfalls drin – hat sich nach den Erfordernissen des Betriebes zu richten.

Wenn Sie sehen, dass das Jahr 1994 unter Berücksichtigung der 5-Tage-Woche, der Ferien von 30 Tagen sowie der bundeseinheitlichen Feiertage noch 219 Arbeitstage hatte, dann merken Sie sofort, dass die Forderung, während 219 Tagen prioritär für den Betrieb da zu sein, gar kein Problem darstellen kann. Ich wüsste jedenfalls nicht, was ich mit 146 Tagen im Jahr an Freizeit anfangen würde; da könnte ich ja zwei Familien betreuen und müsste noch eine Freundin haben, um mich zu beschäftigen.

Ungesunde Freizeitfolgen

Prof. Lubbe, Uni Basel, hat ausgerechnet, dass wir gerade noch 8 % von unserer Gesamtlebenszeit arbeiten. Langsam wird es pervers. Da brauchen wir uns nicht zu wundern, dass wir unseren Standort langsam kaputtgemacht haben. Das ist der Grund, wieso der Kanzler von diesem unserem Lande als kollektivem Freizeitpark spricht.

Die Gewerkschaften hatten anerkanntermassen eine ganz gewichtige Existenzberechtigung. Wir kommen irgendwo von der 80-Stunden-Woche her. Da gab es frühkapitalistische Unternehmer, denen musste jemand am Zeugs flicken. Das haben die Gewerkschaften zu Recht getan. Sie haben die Unmenschlichkeit auf 70, auf 60 und auf 50 Stunden heruntergebracht. Aber irgendwo zwischen 45 und

50 Stunden ist die Schallmauer erreicht. Wenn ich ein junger Anwalt wäre, dann würde ich mich in Wolfsburg selbständig machen und auf Scheidungen spezialisieren. Denn dort dürfen gestandene Mannsbilder, die voll im Saft stehen, nicht mehr als 28 Stunden innert vier Tagen arbeiten. Die Frauen können einem leid tun. Denn entweder gehen diese Männer anschliessend in die Kneipe oder sie lassen ihren Frust an der Familie aus. Da müssen die Scheidungsraten ja höher sein als anderswo.

Schweden hat sich noch mehr als wir durch Wohlfahrtsstaats-Gehabe an den Rand des Ruins gebracht; nur haben die gemerkt, dass es so nicht mehr weitergehen kann. Die Schweden haben vor rund einem Jahr ihre Währung um 40% abgewertet, die Ärmel hochgekrempelt und arbeiten wieder richtig und entsprechend lang.

In Stockholm lag im Herbst 1994 ein Gesetzesentwurf vor, welcher beinhaltete, dass schlechte Laune zum Entlassungsgrund werden solle. Ich weiss nicht, was mit diesem Entwurf mittlerweile geschehen ist, aber eines weiss ich: So etwas bräuchten wir im gesamten Dienstleistungsbereich, vor allem natürlich im Show-Business «Gastronomie» dringend. Schlechte Laune im Dienstleistungssektor ist nichts anderes als Körperverletzung am Kunden oder am Gast, aber auch am Mitarbeiter. Ich lasse Leute, die darauf anfällig sind, nicht in mein Team hinein, und deshalb gelangt das so bedeutsame Mitarbeiter-Konzept, das so wichtige Auswahlverfahren bei uns konsequent zur Anwendung.

Längere Probezeiten

Nicht mehr als Filter, aber immer noch als Bestandteil des Auswahlverfahrens werte ich die Probezeit. Ich komme vermehrt zurück zu immer längeren Probezeiten und nehme die damit verbundenen Nachteile gerne in Kauf. Denn für vier Wochen kann sich jemand verstellen; für diese Zeit können viele die Lefzen hochziehen und eine aufgesetzte Freundlichkeit zur Schau tragen, die vielleicht doch nur Trinkgeld-Geilheit ist. Aber während dreier Monate schafft dies niemand.

Dieses Auswahlverfahren konsequent durchführen heisst, dass am Schluss nicht mehr viele übrigbleiben; macht aber auch nichts, denn ich brauche nur 60 und kann schliesslich unter sechs Milliarden auswählen. Mitarbeiter, die durch diesen Filter gelaufen sind, die haben eine Karriere-orientierte Einstellung im Leben, die setzen in ihren Prioritäten die Karriere zuoberst und die wollen sich im Leben nicht durchmogeln. Geht es dem Mitarbeiter, geht es Ihnen mit Ihrem Betrieb wirklich um den Erfolg und ums Geldverdienen, dann geht es nicht ohne Leidenschaft, nicht ohne Passion. Begeisterung für den Beruf ist durch nichts zu ersetzen.

Controlling

Würde ich das Controlling nicht fast pingelig betreiben, dann wäre ich wohl längst Schuhputzer in Rio.

Pessimisten sehen eine Schwierigkeit bei jeder Gelegenheit. Optimisten sehen eine Gelegenheit in jeder Schwierigkeit.

Den grössten Erfolg hat immer der Ignorant, der sich den Teufel darum schert, ob ein anderer denkt, das gehe oder das gehe eben nicht.

Im Kanton-Chinesisch gibt es für die Worte Krise und Chance nur ein Zeichen. Was sind uns die nur voraus!

Interessant ist, dass in harten Zeiten die Zahlungsmoral der Kunden oft nicht deshalb abnimmt, weil die keine Kohle mehr hätten, sondern weil sie wegen der hohen Zinsen Monatsgelder bzw. Festgelder anlegen.

Auch wir realisierten die Neue Bescheidenheit: Sparen gilt als chic! Mit der Krise hat das nichts zu tun.

Meine Führungskräfte haben von sich aus beschlossen, ihre Monatsgehälter zwischen DM 200,– und DM 500,– zu senken!

Der wertvollste «Controller» ist der Gast. Er ist mir zudem der liebste, weil er auch noch zahlt.

Wir fragen die «customer-satisfaction» vor allem deshalb ab, damit wir an das Lob der Kunden herankommen.

Zum Begriff

Stellen Sie sich unser Marketing-Haus, von dem ich schon eingangs gesprochen habe, einmal nicht als Haus vor, sondern als Melitta-Kaffee-Filter. Sie schütten oben Wasser hinein und unten soll Kaffee herauskommen, und zwar so, wie Sie ihn haben möchten. Solange er nicht so herauskommt, wie Sie wollen, solange wird oben geregelt, gesteuert und verändert, wo es nötig ist. Das ist Controlling. Controlling heisst nicht Kontrolle, sondern: regeln, steuern, «Fein-tuning». Das ist so, wie bei einem alten Vergasermotor, Lotus Europa 1965, wo man fein-tunen musste, bis er rundgelaufen ist.

Controlling bedeutet Abschaffung der Kontrolle unter Beibehaltung der Rechenschaftspflicht.

Schnelles Erfassen der Situation

Ich drehe das Rad um ein gutes Jahr zurück. Wir schreiben Anfang April, Montag nach Ostern 1994. Ich konfrontiere alle meine AbteilungsleiterInnen mit dem Erfolgs- bzw. dem Misserfolgsspiegel. Wir wollen gemäss Jahreszielplan im April 694 000,– Mark Umsatz machen. Drei Tage im Monat sind vorbei, und die Hochrechnung der konkreten Zahlen sagt mir, das wir gerade 312 000,– Mark erreichen werden, wenn wir so weitermachen. Und diese Mitteilung findet nun jeder Abteilungsleiter schriftlich in seinem Briefkasten.

Gleichzeitig sagt mir dieser Soll-Ist-Vergleich: Wenn wir nur 312 000,– Mark Umsatz machen, dann können wir uns höchstens 96 000,– Teamkosten leisten; wir haben aber fast 180 000,– Mark.

Jetzt kann man von einem Tagungshotel nicht erwarten, dass es über Ostern ausgebucht ist. Deshalb muss ein Coach – und so verstehe ich meine Rolle im Team – auch trösten können. Deshalb habe ich diese Hiobsbotschaft unten mit den Worten abgeschlossen: «Kopf hoch, jetzt geht's bei schönem Wetter richtig los!»

Anfeuern

Von wegen...! Eine Woche später sind die Zahlen immer noch schwach. Die Hochrechnung steht jetzt bei DM 438 000,–, wo wir doch fast DM 700 000,– machen wollen. Meinem Smiley, der sich jeweils auf den schriftlichen Mitteilungen an die Abteilungsleiter-Innen befindet, ist das Schlimmste passiert, was ihm überhaupt passieren kann: Es laufen ihm die Tränen aus den Augen!

Deshalb werde ich jetzt auch fordernder in meinem Kommentar. Es steht nun auf der Mitteilung: «Come on baby, light my fire!» Damit ist die Herdplatte gemeint, die halt einmal eine halbe Stunde länger warmbleiben muss.

Nun entsteht Eigendynamik. Jeder sieht, dass da Diskrepanzen zwischen den Plan- und den Ist-Zahlen vorhanden sind.

Spürbar wird das Marketing jetzt aktiver. Einige Tage später ist die Hochrechnung bereits auf DM 522 000,–. Weil es nun höchste Zeit wird, wieder einmal zu loben, steht nun unterhalb der mitgeteilten Zahlen: «Es wird von Tag zu Tag besser – dank Ihres Engagements – Danke!»

Wieder eine Woche später ist die Hochrechnung, die Anfang des Monates bei 312 000,– Mark begann, bei über DM 600 000,–, und der Smiley lacht zum ersten Mal.

Nun ist der Monat vorbei. Jeder hat in seinem Postfach die Zahlen des Monates April. Und siehe da: Wir haben zwar die DM 694 000,– gemäss Jahreszielplan nicht mehr ganz geschafft, aber immerhin DM 654 000,–. Meine Teamkosten inklusive Unternehmerlöhne betrugen aber auch nur DM 171 000,– und damit 30,1 % – ein Traumwert. Was brauche ich mich in der Rezession um den Umsatz zu scheren, wenn ich die Kosten im Griff habe.

Würde ich das Controlling nicht fast pingelig ausleben, wäre ich wahrscheinlich längst Schuhputzer in Rio de Janeiro; denn bei einem

Gründungsunternehmer mit einem entsprechenden Kapitaldienst von DM 130 000,– im Monat, da müssen die Zahlen einfach stimmen; ich kann doch nicht warten, bis mir der Steuerberater sagt, dass ich pleite bin.

Controlling heisst, alle Zahlen im operativen Bereich permanent erfassen, auswerten, bestmöglichst verwerten und sofort reagieren, wenn es nötig ist. Da kann es auch bei einem mittelständischen Unternehmer um Tage gehen.

Einstellung zur Krise

Ein genaues Controlling ist ein probates Mittel, Ihr Unternehmen auch bei Wellengang über Wasser zu halten.

Die Einstellung zu allfälligen wirtschaftlichen Schwierigkeiten ist die andere Seite. Pessimisten sehen eine Schwierigkeit bei jeder Gelegenheit. Optimisten sehen eine Gelegenheit in jeder Schwierigkeit. Es wird auch erst richtig spannend, wenn da draussen ein bisschen der Sturm tobt.

Arthur Schopenhauer sagte: «Hindernisse überwinden ist der Vollgenuss des Daseins.» Er hatte erkannt, dass es nicht die Probleme sind, die den Menschen zu schaffen machen, sondern deren Einstellungen zu den Problemen. Es gibt Dinge auf der Welt, die sind halt so, wie sie sind. Wenn ich sie nicht ändern kann, dann ändere ich doch wenigstens die Einstellung dazu.

Ähnlich hat sich auch der Schweizer Schriftsteller Max Frisch geäussert, als er schrieb, die Krise sei ein produktiver Zustand, wenn man ihr den Beigeschmack der Katastrophe nehme.

Im Kanton-Chinesisch gibt es um die 50 000 Zeichen bzw. Bezeichnungen. Merkwürdigerweise existiert für zwei in der westlichen Denkensart so bedeutungsvolle und vielgebrauchte Worte nur ein einziges Zeichen: für Krise und für Chance – das ist in jener Sprache dasselbe. Was sind uns die nur voraus!

Geld und Zuverlässigkeit

Beantworten Sie mir bzw. sich selber folgende Fragen:

- Werden Ihre Ausgangsrechnungen noch am gleichen Tage geschrieben oder liegen sie vielleicht noch drei Tage im Front-Office herum, bis sie jemand zur Post bringt?

- Wenn die Rechnungen zur Post gebracht werden, geschieht dies, bevor der Briefkasten abends zum letzten Male geleert wird oder fünf Minuten danach?

- Wie sieht es mit Ihrem Mahnwesen aus? Mahnen Sie regelmässig?

Wenn Sie diese Fragen nicht alle mit Ja beantworten können, dann sind Sie moralisch verpflichtet, jedem Gehaltserhöhungswunsch eines Ihrer Mitarbeiter zu entsprechen, wenigstens solange, als der Betrag nicht erreicht wird, den Sie durch die Folgen der Verneinung der obigen Fragen ohne jeden Grund verschenkt haben.

Ich weiss aus Gesprächen mit Freunden, dass hier vor allem unsere mittelständischen Unternehmer in der Schweiz ein Leben à la Dornröschen führen, was sich vielleicht mit deren insulanischen Zinsverhältnissen noch etwas entschuldigen lässt; aber auch die Schweizer schmeissen in diesen Bereichen Geld aus dem Fenster, wenn man es von der richtigen Seite her betrachtet.

Zahlbar: jetzt!

Bei uns im Schindlerhof steht auf allen Rechnungen, die unser Haus verlassen: «Wir sind ein Dienstleistungsunternehmen, und deshalb sind unsere Rechnungen sofort und ohne Abzug zahlbar.» Es ist doch keine 30tägige Zahlungsfrist gerechtfertigt, wenn wir die Leistung bereits erbracht haben.

Klaus & Renate Kobjoll

25 Jahre – Still going strong

Landhotel Schindlerhof

Leben auf dem Lande

POSITIVE AUSWIRKUNGEN EINES FUNKTIONSFÄHIGEN RECHNUNGSWESENS

Verzögert um	1 Mio.	2 Mio.	3 Mio.	5 Mio.	10 Mio.
1 Tag	278 ,--	556 ,--	833 ,--	1.389 ,--	2.778 ,--
2 Tage	556 ,--	1.111 ,--	1.667 ,--	2.778 ,--	5.556 ,--
3 Tage	833 ,--	1.667 ,--	2.500 ,--	4.167 ,--	8.333 ,--
4 Tage	1.111 ,--	2.222 ,--	3.333 ,--	5.556 ,--	11.111 ,--
5 Tage	1.389 ,--	2.778 ,--	4.167 ,--	6.944 ,--	13.889 ,--
6 Tage	1.667 ,--	3.333 ,--	5.000 ,--	8.333 ,--	16.667 ,--
7 Tage	1.944 ,--	3.889 ,--	5.833 ,--	9.722 ,--	19.444 ,--
8 Tage	2.222 ,--	4.444 ,--	6.667 ,--	11.111 ,--	22.222 ,--
9 Tage	2.500 ,--	5.000 ,--	7.500 ,--	12.500 ,--	25.000 ,--
10 Tage	2.778 ,--	5.556 ,--	8.333 ,--	13.889 ,--	27.778 ,--
2 Wochen	3.889 ,--	7.778 ,--	11.667 ,--	19.444 ,--	38.889 ,--
3 Wochen	5.833 ,--	11.667 ,--	17.500 ,--	29.167 ,--	58.333 ,--
4 Wochen	7.778 ,--	15.556 ,--	23.333 ,--	38.889 ,--	77.778 ,--

Verzögerte Fakturierung bedeutet Zinsverlust.
Für diese Tabelle wurde ein Zins von 10 % angesetzt.

Kreativzentrum Schindlerhof

Tagen im Gleichklang
von Geist und Gefühl

Landhotel Klaus Kobjoll GmbH · HRB 7008 · Strinacher Strasse 6-8 · 90427 Nürnberg-Boxdorf · Telefon 09 11/93 02-0
Fax Landhotel 09 11/93 02-6 20 · Fax Kreativzentrum 09 11/93 02-6 40

Quelle: Josef-Schmidt-Colleg, Bayreuth

Nach der Rechnung warten wir zwei Wochen. Wer bis dahin nicht bezahlt hat, der bekommt die erste Mahnung. Dieser Mahnung liegt bereits ein Formular bei, wo ich meinen Gästen vorrechne, was mich ihre Schlamperei kostet (siehe gegenüberliegende Seite).

Jetzt zahlen die meisten sehr sehr schnell.

Interessant ist, dass in harten Zeiten die Zahlungsmoral der Kunden nicht deshalb abnimmt, weil die keine Kohle mehr hätten, sondern weil sie wegen der hohen Zinsen Monatsgelder oder Festgelder – wie man in der Schweiz sagt – anlegen, und dies auf unsere Kosten. Das möchte ich ganz einfach nicht!

Nach weiteren zwei Wochen, insgesamt also nach vier Wochen, geht bereits die zweite Mahnung weg mit DM 20,– Mahngebühr. Und wer erst nach der dritten Mahnung bezahlt, der kommt in einen besonderen Ordner, und den Ordner nehmen wir jedes Jahr zu unserer Jahreszielplan-Versammlung mit. Dort entscheiden wir, ob wir mit dem noch zusammenarbeiten wollen oder nicht.

Krisen-Management

Bevor ich zu einem letzten Detail unter dem Titel Controlling komme, befasse ich mich auf wenigen Seiten mit Krisen-Management.

Wir hatten 1993 im Januar, Februar und März exakt jene Zahlen erreicht, die wir geplant hatten. Ich habe zwar da und dort etwas davon gehört, dass es gekriselt haben soll, aber mindestens an den Umsätzen war es bei uns kaum spürbar, da diese wie geplant eintrafen.

Vorlaut habe ich allen als Kommentar zu den März-Zahlen noch draufgeschrieben: «Wenn das die Rezession ist, dann hoffe ich, dass sie noch lange dauert.»

Und dann habe ich mein «Fett abgekriegt», wurde für meine vorlauten Sprüche auf dem Fusse bestraft und musste mir ab April die abstürzenden Umsatzzahlen angucken. Wir haben 19 Tage gebraucht, vom 1. bis zum 19. April, um unser Krisen-Management der Stufe 1 einzuführen. Ich habe am 19. April 1993 einen Qualitätszirkel meiner Führungscrew zweckentfremdet und zu einer Krisensitzung umfunktioniert.

An diesem Tag haben wir gemeinsam die sofortige Umstellung auf Kosten-Management beschlossen und kleine, aber wirksame Sparmassnahmen verabschiedet. So legten wir zum Beispiel fest, dass Mitarbeiter weiterhin Mineralwasser, Kaffee und Tee umsonst trinken könnten, soviel sie wollten, aber Maracuja-Saft, Papaya-Saft und Cappuccino (zu einem Sonderpreis zwar) inskünftig bezahlt werden müssten.

Ich erwähnte schon oben, dass angesichts solcher Massnahmen bereits die ersten Mitarbeiter, eben die «Schönwetter-Mitunternehmer», umgefallen sind. Nietzsche hat einmal gesagt, der Mensch sei ein mittelmässiger Egoist; selbst der Klügste nehme seine «Gewohnheiten für wichtiger denn seine Vorteile». Für die zwei oder drei jedenfalls, die uns da abgesprungen sind, für die kamen schon bald die Formulare, die sie mindestens eine Stunde lang ausfüllen müssen. Seither liegen diese Leute uns allen auf der Tasche, haben sich selber überschätzt und die Rahmenbedingungen da draussen nicht einkalkuliert.

Zum Paket gehörten aber auch ganz kleine Sparmassnahmen, wie beispielsweise unser Entscheid, dass vor dem Team-Essen die Tischdecken wegkommen. Das Waschen von nur einer Tischdecke kostet eine Mark; wenn 50 Leute Mittagessen, dann macht das 50,– Mark und im Monat mehr als einen Tausender; es ist sicher legitim, in einer solchen Situation diese Massnahme zu ergreifen.

Es wurde nicht sogleich besser, also haben wir im Juni Kosten-Management der Stufe 2 eingeführt. Auch hier gingen wir konzeptionell vor.

Wir stellten hohe Zinsen bei den kurzfristigen Geldern fest und spürten plötzlich, dass wir DM 6000,– monatlich an höherer Zinsbelastung zu tragen hatten (wir hatten kurz vorher für die nächste Ausbau-Etappe noch 3000 m^2 Bauland dazugekauft).

Wir realisierten auch die Neue Bescheidenheit: Sparen gilt als chic! Selbst wenn das Restaurant voll ist, gibt es weniger Umsatz, weil halt die Leute zum billigeren Wein greifen und einen Gang weglassen.

Zudem kamen nun auch bei uns uneinbringliche Forderungen vor, was wir früher nicht kannten und jetzt plötzlich miteinkalkulieren mussten.

Die Zahlungsmoral war schlechter geworden. Die Wirtschaft zeigte sich verunsichert und hatte ihre Spesenritter an die Kandare genommen. Die steigende Arbeitslosenquote begann sich nun bei uns auszuwirken, wo wir doch einen Restaurant-Betrieb aufgebaut hatten, der von den Tagungen und dem reinen Hotelbetrieb unabhängig sein sollte – und es vormals auch war.

Überarbeitete Ziele

Aufgrund dieser Situationsanalyse legten wir neue Ziele fest, qualitative und quantitative. Die qualitativen lauteten:

- *Der Gast darf von unseren Sparmassnahmen nichts merken.*

- *Unsere Teilnehmer haben Verständnis für unsere Sparmassnahmen.*

- *Unsere Lieferanten zeigen sich solidarisch.*

Die quantitativen Ziele formulierten wir so:

- *Wir korrigieren unsere Jahreszielplanzahlen nach unten auf das Vorjahresniveau.*

- *Wir senken die Warenkosten um 2 %. Die Teamkosten müssen bei höchstens 32 % bleiben und alle Kostenarten werden gesenkt (hier liessen wir die Details noch offen).*

Zu den Massnahmen

Und jetzt entwickelten wir die Strategien. Sie sehen, wir blieben trotz Krise bei einem konzeptionellen Vorgehen bzw. erst recht.

Die erste Strategie hiess: Umsätze steigern, Umsätze halten. Jetzt war aktives Marketing gefragt: Hinausgehen, verkaufen, Sekretärinnen-Parties machen usw.; da gibt es so viele Möglichkeiten, je nachdem, wie Ihre MitarbeiterInnen motiviert sind.

Die andere Strategie war simpler: Kosten senken.

Da mussten wir uns spezielle Mittel und Massnahmen einfallen lassen, weil wir mitten im Jahr und sofort Kosten senken wollten. Das sieht natürlich anders aus, als wenn Sie sich im Rahmen der Jahreszielplanung weit vorher mit dem gleichen Thema auseinandersetzen. Die Massnahmen sahen wie folgt aus:

- *Meine Führungskräfte haben von sich aus angeboten, ihre Monatsgehälter zwischen DM 200,– und DM 500,– zu senken – von sich aus, und ich habe es als letzter erfahren. Wie ich das gehört habe, sagte ich natürlich: «Okay, ich senke mein Geschäftsführergehalt um DM 2000,–.»*

- *Beim Check-in muss es nicht immer Sekt sein; im Sommer tut's auch einmal ein Eistee.*

- *Investitionsstopp für alle Abteilungen.*

- *Dekorationsaufwendungen werden vorläufig eingefroren und die Anzahl Fachzeitschriften reduziert.*

- *Spendenstopp als weitere Massnahme.*

- *Wir überdachten auch das Angebot auf dem Frühstücks-Buffet. Da befanden sich in der riesigen Auswahl jeden Tag Bratheringsröllchen; die wurden praktisch nur am ersten Januar gegessen und landeten oft im Abfalleimer. Mit anderen Überflüssigkeiten, die wir nun entdeckten, verschwanden die Bratheringsröllchen sofort. Wir erkannten, dass sich an vielen Ecken und Enden so sparen liess, ohne dass dies der Gast bemerken konnte.*

Die Mittel- und Massnahmenkur ging noch weiter und entwickelte sich zu einer wohltuenden Diät, von welcher wir noch heute profitieren.

Teamveränderung ohne Kündigung

Aufgrund dieses Massnahmenpaketes kamen noch einmal zwei oder drei Mitarbeiter und sagten: «Hört mal, wir sind uns diesen Kostendruck aber gar nicht gewohnt...», und schon hatten die sich selber weggespart.

So haben wir es geschafft, innerhalb eines Quartals unser Team ein wenig zu verändern. Im dritten Quartal 1993 hatte ich 41 Profis und 12 Auszubildende; die Teamkosten beliefen sich auf DM 200 000,–, manchmal bis DM 208 000,– jeden Monat. Ein Quartal später – und ich habe niemanden entlassen müssen – waren 37 Profis und 17 Azubis an der Arbeit. Insgesamt war nur ein Mitarbeiter mehr im Team als vorher, aber meine Teamkosten hatte ich bis Oktober 1993 auf DM 183 000,– heruntergebracht, was 31,3 % der Gesamtkosten entspricht.

Mein Smily hatte also das Privileg, mitten in der Rezession unverschämt zu grinsen, als er die Mitteilung der Oktober-Zahlen 1993 an meine Führungskräfte überbringen und mitkommentieren durfte.

Damals klaffte bei uns fast Monat für Monat im Vergleich zu den Planzahlen ein Umsatzloch von rund DM 100 000,–. Aber solange Sie den bilanzmässigen Lebensnerv eines Unternehmens in dieser Art im Griff haben, der da im wesentlichen aus den Teamkosten und den Warenkosten besteht; solange Sie den Break-even-point wirklich auf die Mark genau kennen; solange Sie Ihre Zahlen nicht monatlich oder vierteljährlich, sondern täglich auswerten; solange Sie Ihre Eigenkapitalquote permanent kennen, solange brauchen Sie keine Angst vor einer Rezession zu haben. Angst haben muss nur der, welcher im dunkeln tappt.

Selbstkontroll-Instrumente

Davon wimmelt es im Schindlerhof. Ich habe einmal im Engadin beobachtet, wie eine Cessna Alpenrundflüge flog. Der Vogel war zehn Minuten oben, kam herunter, vier Leute stiegen aus, und der Pilot ging mit einer Checkliste ums Flugzeug herum und hakte ab. Unter anderem nahm er den Ölmessstab heraus und kontrollierte den Stand. Genau dasselbe Spiel wiederholte sich nun immer wieder, was heisst, dass der Pilot nach jeweils bloss zehn Flugminuten schon wieder das Öl kontrollierte, obwohl die Wahrscheinlichkeit doch äusserst gering sein musste, dass seine Kiste in dieser kurzen Zeit überhaupt spürbar Öl verloren haben könnte.

Er macht es halt trotzdem, weil er unter allen Umständen will, dass er die gewünschten zehn Minuten wirklich oben bleibt.

Das gleiche machen wir auch bei uns. Stellen Sie sich vor, es ist jetzt 5.45 Uhr in der Früh. Ein Azubi schliesst den Schindlerhof auf und nimmt eine Checkliste in die Hand für das Frühstück: «Die Hoftür wurde aufgemacht und eingehakt; die Zeitungen wurden aus dem Kasten genommen; die Milchkästen verräumt; der Innenhof auf Sauberkeit kontrolliert...» Die Liste endet mit dem Satz: «Die Brötchenbestellung für den nächsten Tag ist gemacht – Unterschrift – Danke.»

Stellen Sie sich vor, es ist 11.30 Uhr und die Sonne strahlt mit aller Freundlichkeit; die Restaurantleiterin entscheidet sich, den Garten aufzumachen. Dafür gibt es wieder eine Checkliste.

All diese Checklisten sind akribisch angefertigt; da ist jedes Detail vermerkt; dadurch ist eine permanente Selbstkontrolle gewährleistet, aber – und dies als Nebeneffekt – es erleichtert auch die Delegationsmöglichkeit optimal.

Die Selbstkontrolle spielt aber nicht nur vor Spielbeginn, sondern sie geht nach dem Schlusspfiff weiter. Hat beispielsweise die Bankettleiterin eine Hochzeit über die Bühne gebracht, dann setzt sie sich morgens um drei Uhr hin, schaut in den Spiegel, in ein weiteres Selbstkontroll-Instrument.

Es wird akribisch analysiert. «Musste improvisiert werden?», will ich zum Beispiel wissen. Es ist verrückt, dass auch in der Arbeitswelt das Wort «Improvisation» positiv besetzt ist. Improvisation ist doch ein Eingeständnis von mangelnder Organisation, und sonst gar nichts.

Ganz wichtig ist für mich zu wissen, ob die Bankettleiterin ihr Marketing-Konzept mit all den USPs hat anwenden können . Hat sie um drei Uhr dem Gastgeber eine volle Filmrolle in die Hand gedrückt mit 36 Schnappschüssen und ihm gesagt: «Wir haben während der Veranstaltung ein paar Fotos für Sie gemacht; wenn Sie Lust haben, dann lassen Sie sie entwickeln.»

Natürlich könnte ich mit den entsprechenden Antworten angelogen werden, obwohl ich das nie erwarte. Aber wenn die Bankettleiterin die Bereitschaft hierzu auch noch hätte, so könnte sie sich doch spätestens nach drei Wochen nicht mehr im Spiegel anschauen, wenn sie sich selber anlügt!

Verstehen Sie eine solche Checkliste, eine solche Beurteilung nicht falsch. Natürlich geht das ausgefüllte Exemplar an mich; aber viel wichtiger ist, dass die Bankettleiterin dadurch ihre Arbeit nochmals prüft, dass sie dort Erfolgserlebnisse bewusst noch einmal erlebt, wo es wirklich toll war, und dort eben, wo es nicht geklappt hat, durch das Überlegen im nachhinein sensibilisiert wird für das nächste Mal, so dass sich mit mehr Bewusstsein und Augenmerk, bereits mit konkreten Massnahmen vielleicht, aus diesem Fehler bis zum nächsten Mal ein weiterer USP ergeben hat.

Wenn nun in einem solchen Spiegel-Check die Bankettleiterin die Arbeit der Küche und auch die Zusammenarbeit in den höchsten Tönen lobt, dann ist das für mich natürlich ein Grund, sofort eine Kopie von dieser Beurteilung der Küche zukommen zu lassen mit einem dicken Zusatzlob meinerseits. Das ist interne Kommunikation und gleichzeitig Controlling.

Der wertvollste Controller

Den letzten Controller, den ich erwähne, ist zugleich der wichtigste und mir persönlich der liebste, weil er auch noch zahlt: der Gast.

Dieser Controller verzeiht uns grundsätzlich alles, nur eines sieht Ihnen der Gast oder der Kunde nie nach: Unfreundlichkeit!

Wenn ich es mit der Medizin vergleiche, so ist ein unzufriedener Gast in der Medizin immer eine Leiche. Nun ist es leicht, eine Leiche zu reanimieren, wiederzubeleben, dann nämlich, wenn Sie es sofort tun und nicht erst in acht Wochen. Hat aber Unfreundlichkeit zur Unzufriedenheit des Kunden geführt, dann würden Sie – um beim medizinischen Vergleich zu bleiben – beim Kunden keine Reanimation betreiben, sondern Pathologie, Leichenfledderei. Da können Sie Stilübungen machen, soviel Sie wollen, der atmet nie mehr!

Die Smily-Karten

Wie komme ich jetzt zur – einmal mehr in Neudeutsch ausgedrückt – «customer satisfaction»? McDonalds ist hier vorbildlich. Ein McDonalds-Filialleiter muss jeden Tag nach einem bestimmten Schema fünf Kundengespräche führen und sich hierzu Notizen machen. Bei 220 Arbeitstagen im Jahr macht das für jeden Filialleiter über 1000 Kundenzufriedenheitsbögen, die ausgefüllt und nachher auch ausgewertet werden. Es werden alle möglichen Details durchgefragt, von der Sauberkeit im WC bis zur Frage, ob in der Cola ausser Crash-Ice wirklich auch Cola drin war.

Wer Motivaction I gelesen hat, der weiss, wie wir das bei uns im Haus machen; ich halte mich deshalb kurz.

Bei uns ist es systematisiert, wobei von der Restaurantleiterin auch noch Kundengespräche geführt werden. Auf allen Tischen und in allen Restaurant-Räumen, im Tagungssekretariat, aber auch in jedem Hotelzimmer liegen bei uns kleine Smily-Kärtchen mit drei oder vier Smilies auf, wo wir die wichtigsten Kriterien abklopfen. Und jede Rechnung, die unser Haus verlässt, ist begleitet von einem Beurteilungs-Kärtchen mit bereits frankiertem Rückantwort-Couvert, adressiert an den Schindlerhof.

Wir kriegen aus zwei Briefkästen, die im Aussenbereich angebracht sind, pro Tag zwischen 15 und 20 solcher Kritik-Kärtchen aus dem Haus direkt zurück, und pro Tag kommen noch drei bis fünf über die Post dazu. Das frankierte Couvert hat den zusätzlichen Vorteil, dass Sie oft die Rechnung etwas schneller beglichen erhalten, weil der Kunde halt denkt: «Aha, da habe ich ja sowieso bereits einen Umschlag; die Kreuzchen sind gemacht – da kann ich auch gleich meinen Scheck mitreinlegen.»

Der Hauptgrund, wieso wir die Customer-Satisfaction abfragen, ist der, dass wir an das Lob der Kunden herankommen, um dieses weiterleiten zu können an den betreffenden Abteilungsleiter oder die Abteilungsleiterin, denen es wirklich zusteht, weil sie es mit ihren Leistungen verdient haben (und die das Lob natürlich an die betreffenden Teammitglieder weiterleiten).

Nachdem es nicht selbstverständlich ist, dass uns ein Kunde lobt, haben wir innerhalb unseres Stammkunden-Marketings auch die Massnahme eingeführt, dass alle Kunden, die uns besonders lobend erwähnen, die sich beispielsweise die Mühe nehmen, noch etwas dazuzuschreiben, dass die von uns ein persönliches Dankschreiben zusammen mit einem Gutschein für eine Flasche Champagner erhalten.

Briefpapier für die MitarbeiterInnen

Inzwischen sind wir noch einen Schritt weitergegangen. Da hat ein Gast die Arbeit der einen Service-Mitarbeiterin ganz besonders gelobt. Die Gemeinte hat gleich selber reagiert, und zwar auf Briefpapier, wo ihr eigener Name gross zusammen mit dem etwas kleineren Schindlerhof-Logo bereits vorgedruckt draufsteht.

Das Drucken von Briefpapier mit dem Namen einzelner Service-Mitarbeiter hat gleich zwei Vorzüge. Zum einen ist dies eine ideale Massnahme, um das schlechte Sozial-Prestige unserer Berufe ein bisschen anzuheben. Zudem können Sie damit erreichen, dass Kundenbindungen zwischen Mitarbeitern und Gästen direkter und persönlicher gestaltet werden.

Ist ein Smily-Kärtchen auch nur in einem Teilbereich und auch nur minimal schlecht angekreuzt, dann gibt es keinen Dankesbrief, sondern einen Entschuldigungsbrief, zusammen mit einem Geschenk, welches auf die Worte im Brief abgestimmt ist, wenn möglich symbolischen Charakter und vielleicht auch noch einen Bezug zum monierten Fehler hat, den wir natürlich unumwunden eingestehen.

Ist ein Smily schlecht angekreuzt, bei vier Möglichkeiten also ab Kreuzchen bei der zweitletzten, so verschicken wir grundsätzlich einen Gutschein für ein Wiedergutmachungsessen für jene Anzahl von Personen, die auch damals bei uns war, und zwar unlimitiert! Jetzt zeigt sich die gelebte Kultur eines Unternehmers. Kleinkariertes hat hier nichts zu suchen; da ist auch das Risiko des Kontraproduktiven viel zu gross, dass Sie nämlich am Schluss sagen müssten: «Hätte ich doch besser gar nicht reagiert!»

Ich höre immer wieder Kollegen sagen: «Oh, wenn sich des rumspricht, dann wird es sehr schnell ausgenutzt.»

Wir machen das nun seit mehr als zehn Jahren so, und ich sage Ihnen, es werden nicht mehr Reklamationen (auch nicht weniger), aber es wird von den Kunden nie ausgenützt.

Das wusste übrigens schon Goethe, als er sagte: «Behandle die Menschen, wie sie sind, und sie werden schlechter; behandle sie, wie sie sein könnten, und sie werden besser!»

Es gibt viele Hotels, da ist der Fön in der Steckdose verschraubt. Das ist ein klares Signal mit der Bedeutung: «Gäste sind alles Diebe.»

Bei uns liegt alles offen herum. Designer-Möbel, Rosenthal-Studio-Line, sehr viele, gut einpackbare Kleinigkeiten – nicht wenige wertvolle Sachen darunter. Wir haben in zwei Jahren gerade eine CD verloren!

Ideen realisierbar …?

Ich habe in meinen vielen Seminarien immer wieder die Erfahrung gemacht, dass es am Schluss doch einige gibt, die mit skeptischen Gesichtern dasitzen. Es wird einigen vielleicht nicht anders gehen, die dieses Buch gelesen haben. Sie zweifeln daran, ob sich diese Denkensart, von welcher die Ausführungen, die Ideen geprägt sind, wirklich umsetzen lässt. Ich trage dem Rechnung und erlaube mir noch einige allgemeine Bemerkungen.

Schon in Motivaction I habe ich von den zwei Unternehmer-Typen, den Yes-Buttern und den Why-Nottern, gesprochen, welche Unterscheidung übrigens von meinem Freund, dem Roland Berger, geklaut ist. Der Yes-Butter sagt: «Ja, aber bei mir geht das doch nicht…», oder: «Ja, aber ich darf das doch nicht…» Der Why-Notter, der tut's einfach.

Wenn Sie öfter zu sich selber sagen: «Ich kann nicht», dann heisst das nichts anderes, als dass Sie im Kopf drin eine Einzimmerwohnung haben, die tapeziert ist mit der traurigen Tapete der Erfahrung. Realisieren Sie, dass Sie sich in solchen Situationen selber Grenzen setzen. Da draussen in der Wirtschaft gibt es keine Grenzen! Noch einmal: «The world is what you think it is.» Grenzen gibt es nur in unserer Annahme-Struktur. Hören Sie auf, diesen Blödmann in Ihrem Kopf zu befragen, diese Annahme-Struktur; fragen Sie Ihr Ziel, und Sie merken plötzlich, dass es Tausende von Möglichkeiten gibt, dahinzukommen. Denken Sie in solchen Situationen an die Hummel, die einfach fliegt, obwohl sie nach allen Gesetzen der Aerodynamik nicht fliegen könnte.

Ein bisschen wissenschaftlicher ausgedrückt: Die grössten Erfolge hat immer der Ignorant, der sich den Teufel darum schert, ob jemand anderer denkt, das gehe oder das gehe eben nicht.

ELITE

Mir haben viele Kollegen die Pest in die Kasse gewünscht. Als wir das Kreativzentrum gebaut haben, da waren die sich sicher: «Jetzt geht der Kobjoll pleite; man kann doch nicht Tagungsräume bauen, wo es nicht einmal Leberkäs' zu essen gibt.» 50% des Kapitaldienstes dieser Sechs-Millionen-Mark-Immobilie holen wir alleine aus der Raummiete. Also war es auch für uns nicht unmöglich zu fliegen.

Goethe sagte hierzu: «Das Unmöglich ist oft das, was noch niemand versucht hat.» Denken Sie einmal an den Hayek von der SMH mit seiner Swatch. Die ganze Schweiz hat ihn ausgelacht: «Eine Plastikuhr aus der Schweiz – ha, ha, ha..!» Die waren so arrogant in der Uhrenindustrie, dass es Ihnen in die Nasenlöcher reingeregnet hat. Heute lacht keiner mehr; es hat sich herausgestellt, dass es nur etwas war, was vorher noch niemand versucht hatte.

Was denkbar ist, ist machbar. Es ist nur eine Frage von Wie und Wann. Roman Antonoff hat dies mit dem Begriff «ELITE» einprägsam dargestellt. Wenn Sie die ersten vier Buchstaben dieses Wortes mit Leben erfüllen, dann erfüllt sich der fünfte von selbst:

E igensinn
L ust
I nnovation
T ransparenz

= **E rfolg**

Weitere Bücher aus dem Orell Füssli Verlag

Zustandsbalance – man gönnt sich ja sonst nichts

Manuela Brinkmann

Simply Your Best

Zustandsbalance – erfolgreiches Selbstmanagement für jeden Tag

Jeder weiss, dass er selbst für seinen Zustand verantwortlich ist. Doch wie erreicht man einen ausgezeichneten Zustand? Mit Zustandsbalance! Zustandsbalance ist eine Fähigkeit, sich selbst in einen optimalen Zustand zu versetzen und damit auf die täglichen Anforderungen und Aufgaben mit Motivation und guter Stimmung zuzugehen. Manuela Brinkmanns System zur Zustandsbalance SIMPLY-YOUR-BEST® zeigt, dass jeder Mensch mit einfachen geistigen und körperlichen Übungen die je nach Situation beste Einstellung und Ausstrahlung erzielen kann. Die erfolgreiche Management-Trainerin hat aus ihrer langjährigen Erfahrung die wesentlichen Methoden und Tricks zusammengestellt, mit denen man sich durch eigene Kraft zu einem ausgeglichenen und positiven Grundzustand verhelfen kann.

176 Seiten, broschiert, ISBN 3-280-02632-6

orell füssli

Werte, Anstand und Benimm im nächsten Jahrtausend

Monique R. Siegel

Über den Umgang mit Menschen

Moral und Stil im 3. Jahrtausend

Hat Ethik im modernen Wirtschaftsleben überhaupt noch eine Bedeutung? Permanente Diskussionen über Fusionen, Shareholder-value, Neoliberalismus und weltweite Vernetzung lassen vergessen, daß unser Wirtschaftsleben auch eine moralische Dimension hat.
Monique Siegel fängt an, diese auszuloten – mit einem «Briefroman» per E-Mail: Wie altgriechische Philosophen, die sich beim Essen oder beim Flanieren ihrem Thema in der Diskussion nähern, führen zwei imaginäre Briefschreiber miteinander die Debatte.
Auf der einen Seite finden wir Richard Herzog, den ehemaligen Vorsitzenden der Geschäftsleitung der KUWAG AG, einen klugen, fähigen, kultivierten Geschäftsmann, soeben durch die «Altersguillotine» mit 62 kaltgestellt. Am anderen Ende der Leitung sitzt Giorgio Gross an der Tastatur, 29 Jahre alt, ein junger Schnösel und Produkt unserer Corporate world, nicht böse, noch nicht einmal arrogant, lediglich unerträglich salopp, egozentrisch und vielleicht seiner selbst ein wenig zu sicher. Ein spannender Kontrast – eine spannende Debatte ...

173 Seiten, gebunden, ISBN 3-280-02637-7

orell füssli